速成意大利语

（上册）

〔意〕Ausilia Bellomo 杨 琳 编著

图书在版编目(CIP)数据

速成意大利语.上册/(意)贝洛莫(Bellomo，A.)，杨琳编著.—北京：北京大学出版社，2013.1
(速成外语系列)
ISBN 978-7-301-21509-8

Ⅰ.①速… Ⅱ.①贝…②杨… Ⅲ.①意大利语－自学参考资料 Ⅳ.①H772

中国版本图书馆 CIP 数据核字(2012)第 258919 号

书　　　　名：	速成意大利语(上册)
著作责任者：	〔意〕Ausilia Bellomo　杨　琳　编著
责 任 编 辑：	初艳红
标 准 书 号：	ISBN 978-7-301-21509-8/H・3173
出 版 发 行：	北京大学出版社
地　　　　址：	北京市海淀区成府路 205 号　100871
网　　　　址：	http://www.pup.cn　新浪官方微博：@北京大学出版社
电 子 信 箱：	alice1979pku@126.com
电　　　　话：	邮购部 62752015　发行部 62750672　编辑部 62759634　出版部 62754962
印 刷 者：	北京大学印刷厂
经 销 者：	新华书店
	787 毫米×1092 毫米　16 开本　11 印张　377 千字
	2013 年 1 月第 1 版　2013 年 1 月第 1 次印刷
定　　　　价：	29.00 元

未经许可，不得以任何方式复制或抄袭本书之部分或全部内容
版权所有，侵权必究
举报电话：010-62752024　电子信箱：fd@pup.pku.edu.cn

"Percorso 1" - Corso di lingua e conversazione italiana
《速成意大利语》——意大利语口语教程

Livello finale di competenza: A1/A2 + (sopravvivenza potenziato) del Q.C.E.R.
最终能力水平：《欧洲语言共同参考框架》A1/A2+级（生存能力加强级）

作者简介

Ausilia Bellomo, docente esperta di madre lingua italiana, in Cina dal 2006, ricopre l'incarico di lettore governativo presso la "University of International Business & Economics" e, dal 2010, anche presso la "Tsinghua University", insegnando, rispettivamente, lingua, cultura e letteratura italiana nei corsi di laurea quadriennale e magistrale, e lingua e cultura italiana nei corsi selettivi. In Italia si è sempre occupata di educazione linguistica e interculturale dove ha svolto attività di docenza nei licei e di formazione, conseguito un diploma di specializzazione in didattica delle lingue straniere, di perfezionamento in C.L.I.L. presso la "Ca' Foscari" di Venezia e master di I e II livello presso l'Università degli Studi di Roma " Tor Vergata".

Ausilia Bellomo是由意大利政府派驻中国的意大利专家。从2006年起，在对外经济贸易大学意大利语本科及硕士专业从事意大利语言、文化和文学的教学工作；从2010年起，兼任清华大学意大利语言文化选修课的教师。在意大利她一直在高中从事语言与跨文化教学、培训工作。她在意大利威尼斯大学参加C.L.I.L.的进修课程，并获得外国语言教学硕士学位；另在罗马二大获得第一、二级的master学位。

Yang Lin, dottore di ricerca in lingua e letterature italiana presso la "University of Chicago", è docente d'italiano e professoressa associata di lingua e letteratura italiana nella Facoltà di Francese presso la "Sichuan International Studies University", in cui è responsabile del programma d'italiano. È dottoranda di ricerca in lingua e letteratura italiana presso la "University of Chicago". È co-autrice del manuale *Marco Polo - Corso di Italiano per Studenti Cinesi*, pubblicato in Italia da Guerra Edizioni.

杨琳，芝加哥大学意大利语言文学博士，四川外语学院法语系意大利语言文学专业教师、副教授、意大利语专业负责人。她是《马可波罗——中国学生用意大利语教程》的合著者，教材由意大利Guerra出版社出版。

Ringraziamenti
致　　谢

La Casa editrice e le autriciringrazianoquantihannocontribuito con illoropreziosoaiutoallarealizzazione di questomanuale.

感谢那些为这本教材的制作提供了宝贵帮助的朋友们：

- Per la registrazionedeidialoghi:
- 为对话录音的：

Fortuna Balzano: stagistaall'Ambasciatad'Italia
意大利驻华大使馆实习生Fortuna Balzano

Daniele Di Leva: stagistaall'Ambasciatad'Italia
意大利驻华大使馆实习生Daniele Di Leva

Sara Garavaglia:stagistaall'Ambasciatad'Italia
意大利驻华大使馆实习生Sara Garavaglia

Daniele Donadon: dottorando di ricerca (Renmin University)
人民大学博士研究生Daniele Donadon

Lin Yijun: studentessa di scambio (FuJen Catholic University, Taiwan)
台湾天主教辅仁大学交换生林枏均

Wang Ying: studentessa (University of International Business & Economics)
对外经济贸易大学学生王莹

- Per le fotodellacopertina e del manuale:
- 封面和教材正文中所使用照片的拍照者：

Enrico Scarponi:lettore d'italiano inCina
在中国任教的意大利外教Enrico Scarponi

Chen Zikai: studente master (Tsinghua University)
清华大学硕士生陈志凯

Prefazione

I cinesi che oggi conoscono l'italiano (dai principianti fino a chi traduce letteratura o fa l'interprete simultaneista) sono migliaia. Rispetto al passato il dato è confortante, anche se da un punto di vista quantitativo, contare in migliaia in una realtà come la Cina vuol dire sempre parlare di nicchie. L'apprendimento dell'italiano non può aspirare a raggiungere i dati quantitativi delle grandi lingue veicolari internazionali, ma la promozione dell'italiano in Cina ha visto negli ultimissimi anni dei progressi. L'italiano non è lingua per fare business, resta la lingua per eccellenza della "cultura". Chi studia musica, bel canto, archeologia, arte, prima o poi si trova ad aver bisogno o a desiderare di studiare l'italiano.

Il libro che le professoresse Ausilia Bellomo, lettrice all'University of International Business & Economics e alla Tsinghua University di Pechino, e Yang Lin, docente d'italiano alla Sichuan International Studies University, hanno redatto in questi anni indica chiaramente fin dalle prime pagine lo scopo: un manuale didattico leggero, agile, di semplice utilizzo. Un testo che, pur insegnando le fondamentali e indispensabili regole grammaticali, vuole poter aiutare anche chi, non linguista, ambisce solo ad una conoscenza elementare della lingua. Non tutti sanno, possono o vogliono diventare grandi traduttori, ma molti desiderano possedere quegli elementi di base che permettono di non essere totalmente spaesati in un luogo nuovo, tutto sommato ancora molto lontano e sconosciuto come è l'Italia per la gran parte dei cinesi. Studiare una lingua è molto di più che imparare ad esprimersi in un modo diverso, è apprendere cultura e mentalità differenti: è il primo passo per cominciare a conoscersi.

L'augurio è che grazie a questo libro, il desiderio minimo iniziale si trasformi in una vera passione per una lingua, l'italiano, che a detta di moltissimi stranieri, inclusi i cinesi, è una delle più belle del mondo.

Barbara Alighiero
Direttore dell'Istituto Italiano di Cultura di Pechino

序

当今有许多中国人懂意大利语（从初学者到文学作品的翻译者或同声传译者）。虽然在中国这个人口众多的国家里，这是微不足道的，学习意大利语的人数也达不到学习其他国际通用语的人数；但是与过去相比，现在的规模还是令人欣慰的。近些年来，意大利语在中国得到了很好的推广。意大利语不是用来做生意的语言，而仍然是主要的"文化"语言。谁学习音乐、歌剧、美术、考古、艺术，肯定需要或者希望学习意大利语。

这本书的作者是对外经济贸易大学和清华大学外教Ausilia Bellomo和四川外语学院意大利语教师杨琳。从开头几页就可以清楚地看到：作者的目的是编写一本轻松的、灵活的、便于使用的教材。这本教材除了提供基础和必要的语法规则外，还可以帮助那些只想初步掌握意大利语的人。不是所有人都有能力或有愿望成为翻译家，但是很多学习意大利语的人都希望掌握这门语言的基本要素，以便适应意大利的新环境。毕竟对大多数中国人来说，意大利还是一个遥远而陌生的国度。学习一门语言不仅仅是掌握一种不同的方式来表达自己，还意味着了解不同的文化和思维方式。学习语言是开始相互认识的第一步。

希望通过这本教材，那个最初的小小愿望能变成对意大利语的一份真正的热爱。正如包括中国人在内的许多外国人所说的那样，意大利语是世界上最美的语言之一。

巴尔巴拉·安利盖洛
意大利驻华大使馆文化参赞

Introduzione

● **Cos'è *Percorso 1*?**

Percorso 1 è il primo manuale, in 2 volumi, di un corso modulare di lingua e conversazione italiana rivolto a studenti cinesi e diviso in tre livelli. In linea con le direttive del "Quadro comune europeo di riferimento per le lingue", *il puimo manuvale* si basa sui più moderni principi didattico-metodologici dell'insegnamento delle lingue straniere e coniuga perfettamente l'approccio pragmatico-comunicativo con l'approccio lessicale.

● **Quali sono gli obbiettivi di il puimo manuvale?**

Coprendo circa 120 ore di studio in classe e 60 ore di lavoro individuale e di rinforzo a casa, *il puimo manuvale* si propone di far raggiungere agli studenti - principianti assoluti e non - i livelli A1/A2 +(sopravvivenza potenziato) del *Q.C.E.R.* e di far loro acquisire abilità, strategie e competenze perché diventino interlocutori attivi nelle più comuni situazioni reali di comunicazione.

● **Come è strutturato il puimo manuvale?**

Il volume, ispirato ai principi dell'approccio modulare, prevede la divisione delle aree di contenuto o tematiche in 10 moduli, ciascuno contenente unità che presentano attività orali e scritte, lessico e momenti di fissaggio, tutti attinenti la stessa tematica o tematiche contigue.

Ciascun modulo, eccetto quello introduttivo, si chiude con una sezione dedicata alla fonetica, *L'angolo della pronuncia*, che presenta allo studente le regole della fonetica e lo fa esercitare nella corretta articolazione dei fonemi.

Completano ogni modulo una *Scheda grammaticale riassuntiva*, con un riepilogo dei punti grammaticali presentati nelle unità; una sezione intitolata *Per comunicare*, sintesi delle funzioni, con i relativi esempi per una loro visione d'insieme; un *Laboratorio*, con ulteriori esercizi per un puntuale ripasso di quanto appreso, nonché per attività di recupero e/o di rinforzo.

Corredano il volume un *Glossario*, contenente il lessico presente negli esercizi e nei testi -inclusi quelli di ascolto e di pronuncia; elencato in ordine di apparizione e per unità; un'*Appendice*, contenente le consegne per lo Studente B nei lavori di coppia che prevedono lo scambio di informazioni; le *Chiavi degli* esercizi, con la soluzione di tutti gli esercizi, sia strutturali che di comprensione dei testi, inclusi quelli d'ascolto; una *Trascrizione dei testi d'ascolto*, che serve sia per gli studenti - per l'autoapprendimento - sia per l'insegnante, come ulteriore risorsa per il potenziamento linguistico e le attività di simulazione, nonché come spunto per attività più creative; un'*Appendice grammaticale* di facile consultazione, che si propone di offrire agli studenti un sintetico compendio delle regole grammaticali presentate; una *Tabella dei verbi irregolari* con le coniugazioni dei verbi più usati.

● **Quali sono i punti di forza di il puimo manuvale?**

Il volume, ispirato alle tecniche più aggiornate dell'insegnamento delle lingue straniere, adotta un approccio euristico e induttivo del codice grammaticale. Un'ampia tipologia di esercizi di fissazione e potenziamento, nonché di attività comunicative, oltre a stimolare nello studente la riflessione sui meccanismi di funzionamento della lingua, tende a liberarlo da un apprendimento puramente mnemonico, favorendo in lui l'acquisizione della consapevolezza della lingua come un insieme di atti comunicativi reali.

Il volume pone al centro del processo di apprendimento-insegnamento lo studente, cui fornisce strategie e tecniche per lo sviluppo integrato delle quattro abilità di base: ascolto, parlato, lettura e scrittura.

il puimo manuvale, presentando situazioni e attività motivanti, sia nella forma di esercizi strutturati e contestualizzati - sia in forme più libere come i lavori di coppia, di gruppo, di simulazione e le attività con il vuoto di informazione - mira a facilitare negli studenti l'acquisizione della lingua a livello inconsapevole, a guidarli nel processo di formalizzazione, e ad aiutarli a gestire in modo autonomo il loro processo di apprendimento.

Un tratto peculiare dell'impostazione di *il puimo manuvale* è l'attenzione rivolta alla comunicazione orale e all'interazione in classe: ampio spazio, infatti, è dedicato all'abilità d'ascolto attraverso l'esposizione degli studenti a dialoghi di facile comprensione dai quali sono estrapolati regole grammaticali, funzioni comunicative e lessico nuovo. Attività realistiche e piacevoli, che diventano occasioni di confronto, coinvolgono gli studenti in veri atti comunicativi: in breve tempo gli studenti sono in grado di scambiarsi opinioni, informazioni, convincere qualcuno a fare qualcosa, invitare, suggerire, accettare e rifiutare proposte e così via.

Per quanto riguarda l'approccio culturale, *il puimo manuvale* vuole trasmettere agli studenti un'idea non stereotipata della cultura e della realtà italiane: lo stile di vita, la mentalità e le abitudini degli italiani sono filtrati, non solo dagli esercizi di fissazione, ma anche da una varietà di testi, sia adattati che autentici, tratti da giornali, riviste, siti web e blog, che consentono agli studenti di capirne le peculiarità.

il puimo manuvale ha un'impaginazione chiara e moderna, arricchita da immagini accattivanti, e si presenta come un testo di facile ed efficace utilizzo, racchiudendo in un unico volume il libro dello studente e gli esercizi, opportunamente collocati subito dopo la presentazione della regola e, per un ulteriore fissaggio, alla fine di ogni modulo nella sezione *Laboratorio*.

il puimo manuvale vuole essere, non solo il percorso che gli studenti intraprendono per raggiungere una buona conoscenza di base della lingua italiana, ma anche un viaggio piacevole e interessante alla scoperta dell'affascinante e ricca cultura italiana. Dunque, buon viaggio con *il puimo manuvale*!

引　言

- **《速成意大利语》是什么样的书？**

《速成意大利语》是一套意大利语口语教程，分上、下两册，适用于中国学生。《速成意大利语》以《欧洲语言共同参考框架》为编写标准，以外国语言教学中最现代的教学法为基本原则，很好地结合了练习教学法、交际教学法和词汇教学法。

- **《速成意大利语》的编写目的是什么？**

《速成意大利语》包括120小时的课堂教学内容和60小时的课后独立学习和巩固学习内容。《速成意大利语》旨在让初学者或近于初学者水平的学生达到《欧洲语言共同参考框架》A1/A2+级（生存能力加强级）的水平，并掌握语言技能、应对策略和技巧，以使学生在现实生活最常见的交际场合中成为积极的对话者。

- **《速成意大利语》的结构是怎样的？**

编写者受到单元教学法的启发，按照内容和主题的不同领域将全书分为十章，每章包括若干单元，其中含有与主题相同或相近的口头、书面、词汇和巩固练习。除了引言外，每章的结尾部分都有相关的语音部分——"发音角"，向学生介绍发音规则，并让学生做巩固发音的练习。

每章最后还有以下几个部分："语法概要卡片"，概括本章的语法要点；"交际用语：功能梗概"，通过相关练习整体概括语言功能；"实验室"，通过进一步的练习对所学内容进行复习、巩固和加强。

教材还附有以下内容：词汇表，由包括听力、发音练习和课文中的单词组成，以单词在单元中出现的顺序排列；附录，包括在两人练习中为学生B提供的交流信息；练习答案，包括语言结构、课文理解、听力等所有练习的答案；"听力课文原文"，既可以用于学生自学，也为老师提供更多的加强学生语言能力和进行情景练习的教学资源，激发学生的语言创造力；便于参阅的"语法附录"，为学生提供书中出现过的语法规则概要；常用不规则动词的变位表。

- **《速成意大利语》有哪些优势？**

教材受外语教学的最新技巧启发，采用启发式教学法和归纳法语法教学法，提供种类丰富的巩固和加强练习，以及交际练习，使学生脱离死记硬背的学习模式，让学生意识到语言是现实交流活动的整体反映。

教材以学生为教学和学习过程的中心，为学生提供多种语言应对的策略和技巧，以综合发展学生的四种基本能力：听、说、读、写的能力。

《速成意大利语》提供具有激励性的情景和练习，既有语言结构方面的练习，也有结合背景的练习，还有形式上更灵活的两人练习、小组练习、情景练习、带有"信息沟"的练习，目的是让学生在不知不觉中更容易地掌握语言，在语言能力培养的过程中，引领、帮助他们学会如何自主地学习。

《速成意大利语》的独特性在于关注口头交际和课堂互动：通过难易适中的对话培养学生的听力理解能力，并利用练习引出语法规则、交际功能和新单词。练习既符合现实场景，又给学生提供对话的机会，把学生放在真实的交际场景中。这样学生在短时间内就能够学会交流看法、交换信息、说服、邀请、建议、接受和拒绝提议等。

在文化方面，《速成意大利语》通过大量的练习，以及通过报纸、杂志、网页和博客中选取的原文或改写的文章，向学生传达意大利人的生活方式、思维方式和习惯，而不是意大利文化和现实状况的老生常谈，让学生了解意大利文化的独特性。

《速成意大利语》编排清晰而现代，配有大量的精美图片。教材使用起来方便、高效，集学生用书和练习为一体。练习作为进一步的巩固，紧接在规则后，放在每一章最后的"实验室"部分。

通过《速成意大利语》，学生不仅可以获得一个很好的意大利语基础，而且这个学习的过程也将是一个发现意大利文化魅力的有趣的旅程。祝大家"旅途"愉快！

INDICE DEI CONTENUTI
目　　录

MODULO 0 (introduttivo) "Iniziamo il nostro percorso!" 引言 "开始我们的进程" 1
    Unità 1 "Bell'Italia!" 美丽的意大利! 2
    Unità 2 "Che lingua musicale!" 音乐般的语言! 6

MODULO 1 "Conosciamoci!" "让我们来互相认识一下!" 9
    Unità 1 "Piacere mio!" "很高兴认识您!" 10
    Unità 2 "Di dove sei?" "你是哪里人?" 18
    Unità 3 "Compilare un modulo" "填表" 26
    L'angolo della pronuncia 发音角 31
    Scheda grammaticale riassuntiva 语法概要卡片 31
    Per comunicare: sintesi delle funzioni 交际用语：功能梗概 32
    Laboratorio 实验室 33

MODULO 2 "Io e le persone attorno a me!" "我与身边的人们!" 35
    Unità 1 "Ecco, questa è la mia famiglia!" "这是我的家庭!" 36
    Unità 2 "Sei sposato?" "你结婚了吗?" 44
    Unità 3 "Che tipo è? Com'è?" "他（她）是什么样的人?" 47
    Unità 4 "Che lavoro fa?" "他（她）做什么工作?" 55
    L'angolo della pronuncia 发音角 64
    Scheda grammaticale riassuntiva 语法概要卡片 64
    Per comunicare: sintesi delle funzioni 交际用语：功能梗概 66
    Laboratorio 实验室 66

MODULO 3 "Casa, dolce casa..." "家，甜蜜的家……" 69
    Unità 1 "Com'è la tua casa?" "你的房子怎么样?" 70
    Unità 2 "Quanto costa l'affitto?" "租金是多少钱?" 81
    Unità 3 "Mobili e altro" "家具和其他" 86
    L'angolo della pronuncia 发音角 97
    Scheda grammaticale riassuntiva 语法概要卡片 97
    Per comunicare: sintesi delle funzioni 交际用语：功能梗概 98
    Laboratorio 实验室 99

MODULO 4 "Vivere in città: che stress!" "在城市生活，好紧张！" ·········· 101

- Unità 1 "Quanto ci vuole per arrivare in centro?" "到市中心要多久？" ············ 102
- Unità 2 "Senta, scusi ... c'è una farmacia qui vicino?" "劳驾，请问……附近有药店吗？" ········· 113
- Unità 3 "Come vengo a casa tua?" "我怎么来你家？" ·········· 122
- L'angolo della pronuncia 发音角 ·········· 128
- Scheda grammaticale riassuntiva 语法概要卡片 ·········· 129
- Per comunicare: sintesi delle funzioni 交际用语：功能梗概 ·········· 130
- Laboratorio 实验室 ·········· 130

GLOSSARIO 词汇表 ·········· 133
APPENDICE 附录 ·········· 155
SOMMARIO 概要 ·········· 158

(introduttivo)
"Iniziamo il nostro percorso!"

引言 "开始我们的进程"

In questo modulo imparerai a 在本章你将学到

- riconoscere le lettere e i suoni dell'alfabeto
  认识字母表的字母及发音
- conoscere la geografia d'Italia (città e regioni)
  了解意大利的地理（城市和大区）
- riconoscere i simboli della cultura italiana
  认识意大利文化的象征
- conoscere il linguaggio di base di uso immediato in classe
  了解基本的课堂用语

Unità 1

"BELL'ITALIA!"
"美丽的意大利！"

"Che cosa sai dell'italiano e dell'Italia?"   "关于意大利语和意大利，你知道什么？"

1. L'alfabeto 字母表

A;a	a	B;b	bi	C;c	ci
D;d	di	E;e	e	F;f	effe
G;g	gi	H;h	acca	I;i	i
L;l	elle	M;m	emme	N;n	enne
O;o	o	P;p	pi	Q;q	cu
R;r	erre	S;s	esse	T;t	ti
U;u	u	V;v	vi,vu	Z;z	zeta
J;j	i lunga	K;k	cappa	W;w	doppia vu
X;x	ics	Y;y	ipsilon / i greca		

Fonetica: l'alfabeto 发音：字母表

L'alfabeto italiano è composto da 21 lettere, di cui 5 vocali e 16 consonanti. Fanno parte dell'alfabeto italiano anche le lettere: J, K, W, X e Y. Esse si trovano in parole di origine straniera. 意大利语字母表由21个字母组成，其中有5个元音和16个辅音。以下字母也是意大利语字母表的一部分：J, K, W, X 和Y。这些字母出现在外来词中。

Esempi 例如: jazz, karaoke, watt, xenofobia, yogurt.

I Ascolta e ripeti le lettere dell'alfabeto. 听录音并反复跟读字母表中的字母。

II Ascolta e sottolinea le lettere nella tavola sopra. 听录音并在上表中划出字母。

III Ascolta e numera le parole nell'ordine in cui le senti. Poi mettile in ordine alfabetico. 听录音，按听到的顺序给单词标上数字。然后按首写字母顺序给单词排序。

| cane | pianta | oasi | testa | vino | sole | Firenze | uva | zoo | divano | banca |
| aereo | estate | gara | mano | hotel | Italia | leone | quadro | nuvola | Roma |

• aereo..........
....
....

2. Città, monumenti, tradizioni 城市、古迹与传统

I Collega le città nell'elenco alla loro posizione. 将列表中的城市名和其方位连线。

1. Roma   a. nord-est
2. Venezia   b. centro
3. Torino   c. nord-ovest
4. Firenze   d. sud
5. Napoli   e. nord
6. Milano   f. centro-nord

_____   _____
_____   _____

II Verificane la posizione sulla cartina. Se conosci altre città, aggiungile all'elenco sopra. 在地图上核对城市的方位。如果你认识其他城市，加在上面的列表中。

III Guarda la cartina d'Italia, trova in quali di queste regioni si trovano le città sopra e completa gli spazi. 看意大利地图，找出上面的城市所处的大区名，填空。

Piemonte_____ Lombardia_____. Veneto_____
Toscana_____   Lazio_____   Campania_____

IV Lavoro di coppia. Trovate sulla cartina le regioni di questi capoluoghi. 2人练习。在地图上找出下面的首府所对应的大区名。

1. Genova_____   2. Bologna_____   3. Perugia_____
4. Bari_____   5. Palermo_____   6. Cagliari_____

V Qual è la città nascosta? Anagramma le parole e scrivi accanto il nome della città. 下面的单词中暗藏着哪些城市名？将单词的字母重新排序并写出城市名。

1. Amor._____ 2. Zenferi._____ 3. Maloni._____ 4. Pilano._____
5. Laprome_____ 6. Angevo._____ 7. Onitro._____ 8. Alcigria._____

VI Ricordi in quale regione e in quale parte d'Italia si trovano le città sopra? Di' alla classe il nome di una città e gli altri rispondono dicendo la posizione e il nome della regione. 还记得以上城市在哪个大区，在意大利的哪个方位吗？你说出城市的名字，其他人指出方位和大区的名字。

VII Perché queste città sono famose? Guarda le immagini e abbinale alle seguenti didascalie. 这些城市因什么而出名？看图片连线。

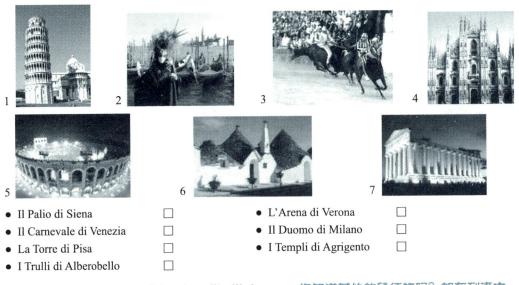

- Il Palio di Siena ☐
- Il Carnevale di Venezia ☐
- La Torre di Pisa ☐
- I Trulli di Alberobello ☐
- L'Arena di Verona ☐
- Il Duomo di Milano ☐
- I Templi di Agrigento ☐

VIII Conosci altri simboli? Aggiungili all'elenco. 你知道其他的象征物吗？加在列表中。

- La Settimana della Moda di Milano
- ....
- ....

IX Lavoro di coppia. Trova con il tuo compagno / la tua compagna il maggior numero di parole italiane. Chi ne conosce di più? 2人练习。尽可能多地说意大利语单词，看谁知道的多。

X Quali personaggi, cose e luoghi di interesse conosci? Guarda le immagini e abbinale ai nomi sotto. 下面人物、事物和地方你认识哪些？看图片并与名词连线。

21   22   23   24

- Oriana Fallaci ☐
- Luciano Pavarotti ☐
- la mozzarella ☐
- il Milan ☐
- Arlecchino ☐
- Roberto Benigni ☐
- il cappuccino ☐
- la Ferrari ☐
- Monica Bellucci ☐
- il Colosseo ☐
- Giuseppe Verdi ☐
- Leonardo da Vinci ☐

- Rita Levi-Montalcini ☐
- il parmigiano reggiano ☐
- gli spaghetti ☐
- Pinocchio ☐
- Laura Pausini ☐
- l'espresso ☐
- la Margherita ☐
- Armani ☐
- La Scala di Milano ☐
- Dante ☐
- il gelato ☐
- Michelangelo ☐

XI Confrontati con il tuo compagno / la tua compagna. Chiedi all'insegnante se hai dubbi. 跟同学对照答案。如果有疑问，请问老师。

XII Metti in ordine alfabetico i seguenti nomi e associali alle immagini. 将下列名词按首写字母顺序排序，照例子与图片连线。

Esempio: attore / *Roberto Benigni*

teatro   cantante   teatro romano   cantante lirico   macchina sportiva   formaggio
attrice   caffè   marionetta   poeta   stilista   pizza   burattino   pasta
scienziata   squadra di calcio   giornalista   scultore   pittore   musicista

....
....
....
....

XIII Lavoro di gruppo. Lavorate in gruppi di 3/4 e, a turno, dite uno dei simboli dell'Italia e gli altri rispondono. 小组练习。3人或4人一组，轮流说出一个意大利的象征物，其他人模仿例句做出相关回答。

Esempio: Ferrari / *macchina sportiva*

Unità 2

"CHE LINGUA MUSICALE!"
"音乐般的语言！"

I Qual è il linguaggio della classe? Osserva le immagini, leggi e ripeti le parole. 哪些是课堂用语？看图反复读单词。

la lavagna   il gesso   il banco   la sedia   la cattedra   il quaderno

la penna   il videoregistratore   la matita   il libro   il registratore   il televisore

II Abbina le istruzioni dell'insegnante ai disegni sotto. 将老师的课堂常用语与下图连接。

1   2   3   4

5   6   7   8

leggete!   **ascoltate!**   **ripetete dopo di me!**
sottolineate!   **scrivete!**   **prendete appunti!**
lavorate in coppia!   **lavorate in gruppo!**

III Cerca di capire quale di queste frasi sta mimando il tuo / la tua insegnante. 试着通过老师的手势表情来理解这些句子的意思。

1. "Scusi, non ho capito."
2. "Scusi, può ripetere per favore?"
3. "Come si pronuncia questa parola…?"
4. "Cosa vuol dire...?"
5. "Avete capito?" - "Sì, abbiamo capito!"
6. "Hai capito ora?" - "Sì, ho capito!"

IV Ascolta i dialoghi, riconosci le frasi e completa gli spazi. 听对话，辨别句子并填空。

I Dialogo   II Dialogo   III Dialogo
_____   _____   _____

IV Dialogo   V Dialogo   VI Dialogo
_____   _____   _____

V Proviamo a comunicare! Pronuncia queste espressioni con la giusta intonazione come nella registrazione. 我们来试着交流一下！模仿录音，用正确的语调读下列表达方式。

Ciao!   **Buongiorno!**   **A domani!**
Arrivederci!   **Buonasera!**   **A più tardi!**
Che bello!   **Che noia!**
Che buono!

VI Lavoro di gruppo. In gruppi di 4/5: create delle scenette e provate a usare le espressioni. 小组练习。4人或5人为一组:设计情景对话，试着使用上面的表达方式。

VII Segna con una X il completamento più adatto a te. 用"X"标出最适合自己的补语。

1. Studio italiano……
   a. perché è una bella lingua
   b. perché mi piace la musica italiana
   c. perché voglio studiare in Italia
   d. per trovare lavoro
2. Mi piace l'Italia……
   a. per la cucina
   b. per l'arte e la cultura
   c. perché è un bel paese
   d. per la gente

Comunicare in classe: una sintesi   课堂交际：概括

Completa gli spazi in maniera appropriata. 用适当的表达方式填空。

1. dare istruzioni. 给出说明。
....
....

2. chiedere aiuto/esprimere difficoltà. 请求帮助/表示有困难。
....
....

3. accertarsi/esprimere assenza di difficoltà. 证实/表达没有困难了。
....
....

4. chiedere e dare motivazioni delle proprie scelte. 询问做出某个选择的原因并给出理由。
....
....

MODULO 1

"Conosciamoci!"

"让我们来互相认识一下！"

In questo modulo imparerai a 在本章你将学到

- presentarsi e presentare gli altri in maniera informale e formale
  用非正式用语和正式用语做自我介绍和介绍他人
- salutare in maniera informale e formale
  用非正式用语和正式用语打招呼
- iniziare una conversazione
  开始一段对话
- parlare di provenienza, nazionalità, attuale residenza, lingua parlata
  谈论祖籍、国籍、现在居住地和所用的语言
- chiedere e dire l'età
  询问和谈论年龄
- chiedere e dare recapiti personali
  询问和给出个人联络方式

Unità 1

"Piacere mio!"
"很高兴认识您！"

I Ascolta i dialoghi e abbinali alle foto. 听对话，与照片连线。

1

2

3

A ◊ Ciao! Io sono Maria. ☐
● Angela, piacere!

B ◊ Salve! Sono Chiara. E tu, come ti chiami? ☐
● Sono Lucio. Piacere!

C ◊ Salve! Mi chiamo Roberto. E tu, come ti chiami? ☐
● Mi chiamo Ivo. Piacere!

II Ascolta di nuovo e ripeti. 再听一遍并且跟读。

Forme di saluto 打招呼的方式

> **Osserva i dialoghi sopra e rispondi alle domande.** 观察上面的对话，回答问题。
> "ciao" e "salve" sono forme di saluto formale? "ciao" "salve"是正式打招呼的方式吗？ Si/No
> Come si dice "piacere" nella tua lingua? .... "piacere" 在你的语言中怎么说？

III Lavoro di coppia. Prendi uno di questi nomi e presentati al tuo compagno / alla tua compagna. 2人练习。在下列名字中选一个，然后向同学做自我介绍。

> Esempio: *"(io) sono ", "(io) mi chiamo ", "come ti chiami?"*

| Noemi | Rosa | Anna | Giorgia | Sonia | Dora (f) |
| Paolo | Giulio | Luca | Mario | Carlo | Andrea (m) |

IV Lavoro di gruppo. In gruppi di 4: girate per la classe e presentatevi agli altri studenti. 小组练习。4人一组：在班上转一转，向其他同学介绍自己。

V Completa le coniugazioni dei verbi "essere" e "chiamarsi". 用动词 "essere" 和 "chiamarsi" 的变位填空。

Tempo Presente 现在时

io _____ tu sei lui, lei, Lei è noi siamo voi siete loro sono	io _____ tu _____ lui, lei, Lei si chiama noi ci chiamiamo voi vi chiamate loro si chiamano

 N.B. 注意

1. Il presente di questi verbi appartiene al "modo indicativo", il modo della realtà e della certezza. 这些动词的现在时属于"直陈式"，表达现实和确定的语式。
2. I pronomi soggetto di III persona *lui, lei, loro* sono comunemente usati al posto di *egli, ella, essi, esse,* forme antiquate. 通常使用主语第三人称代词*lui, lei, loro*代替过时的形式*egli, ella, essi esse*。
3. In italiano il pronome soggetto non è sempre espresso. 意大利语中不总是表达主语人称代词。

> **Osserva 观察:** *"Io sono Maria." - "Sono Chiara."*

VI Leggi i dialoghi e riempi gli spazi con. 读对话并用下列单词填空。

> *ti chiami (3)   sono   mi chiamo   salve   piacere   Maria   sei*

A ◊ _____! Io sono Giulio. E tu, come _____?
   ● _____, piacere!

B ◊ Ciao! _____ Sonia?
   ● Sì. E tu come _____?
   ◊ _____ Alberto. Salve!

C ◊ Salve! _____ Luca. Come _____?
   ● Anna, _____!

 Grammatica: le frasi affermative e interrogative 语法：肯定句和疑问句

> **Osserva le frasi e rispondi alle domande.** 观察句子，回答问题。
> 1. *"Sei Sonia?" "E tu, ti chiami Alberto?"*   2. *"Sì, mi chiamo Alberto." "Io sono Giulio."*
> - Trovi quache differenza tra le frasi interrogative e le frasi affermative nell'ordine delle parole?
>   你发现疑问句和肯定句词序的变化了吗？
> - L' ordine "soggetto + verbo + nome" cambia nelle frasi interrogative? Sì/No
>   "主语+动词+名词"的顺序在疑问句中变化了吗？

 Ricorda che 记住

- l'ordine standard della frase italiana è: soggetto [S] - verbo [V] - complemento [O].
  意大利语句子的正常语序是：主语——动词——补语。
- Il punto interrogativo [?], nello scritto, e l'intonazione, nel parlato, segnalano la frase interrogativa.
  在书面语中，用问号[?]标明是疑问句；在口语中，则通过语调来表示疑问。

VII Inserisci la forma corretta del verbo in parentesi. 用括号中动词的正确变位形式填空。

A ◊ _____ (voi/essere) Marco e Giacomo, vero?
● No, _____ (noi/essere) Paolo e Stefano.

B ◊ Scusa, _____ (lui/chiamarsi) Piero?
● Sì, esatto!
◊ E lei, _____ (essere) Monica?
● No, _____ (lei/chiamarsi) Laura!

C ◊ _____ (noi/chiamarsi) Tina e Sonia. E voi?
● _____ (essere) Noemi e Rosa.

D ◊ Scusate, _____ (voi/essere) Sara e Piera?
● No, loro _____ (essere) Sara e Piera!
◊ Come _____ (voi/chiamarsi), allora?
● _____ (noi/chiamarsi) Dora e Simona.

Ricorda che 记住
● usiamo "scusa" e "scusate", quando ci rivolgiamo a una o più persone in maniera informale.
当我们对一个人或多个人讲话时，我们使用非尊称形式"scusa"和"scusate"。

VIII Ascolta le frasi sotto e indica con la punteggiatura appropriata (. ?) se sono affermative o interrogative. 听下面的句子，用适当的标点（. ?）指出是肯定句还是疑问句。

1. Si chiamano Piero e Paola
2. Siete Anna e Giorgio, vero
3. Si chiama Laura
4. So come ti chiami
5. Lui si chiama Marco
6. Lei è Giorgia

IX Lavoro di gruppo. In gruppi di 4: fate conversazioni come negli esempi sopra. 小组练习。4人一组：模仿上面的句子进行对话。

X Ascolta queste presentazioni e numerale nell'ordine in cui le senti. 听这些介绍并按听到的顺序标号。

A ◊ Ciao, Alberto. Questa è Paola. ☐
● Paola, piacere!
■ Salve!

B ◊ Sara, questo è Carlo. ☐
● Salve! Sara.
■ Piacere, Carlo.

Grammatica: i dimostrativi singolari 语法：指示代词的单数形式

> Osserva le seguenti frasi e leggi la regola. 观察下列句子并读规则。
> "Questa è Paola."   "Questo è Carlo."
> Il dimostrativo singolare ha due forme: "questo" per il maschile e "questa" per il femminile.
> 指示代词的单数形式分为：阳性"questo"，阴性"questa"。

XI Lavoro di gruppo. In gruppi di 3: scegliete i nomi e praticate le presentazioni informali come negli esempi. Variate le forme di presentazione. 小组练习。3人一组：选名字，模仿上面的例子，练习非正式的介绍。变换介绍方式。

XII Leggi e ascolta questi dialoghi e abbinali ai disegni. 听对话，与图片连线。

 1  2  3

A. Mario: "Salve, Flavia! Questi sono Paolo e Alessio."
Paolo e Alessio: "Piacere!"
Flavia: "Piacere, Flavia."

B. Cesare: "Ciao, Noemi! Queste sono Nadia e Tina."
Nadia e Tina: "Piacere!"
Noemi: "Piacere, Noemi."

C. Maria: "Ciao, Roberto! Questi sono Antonio e Sonia."
Antonio e Sonia: "Piacere!"
Roberto: "Piacere, Roberto."

 Grammatica: i dimostrativi plurali   语法：指示代词的复数形式

> **Osserva le frasi e completa la regola con le parole date sotto.** 观察句子，用所给单词填空。
> "<u>Questi</u> sono Paolo e Alessio."   "<u>Questi</u> sono Antonio e Sonia!"   "<u>Queste</u> sono Nadia eTina."
>   nomi maschili 阳性名词   nomi femminili 阴性名词
> Il dimostrativo "*questi*" si accorda con i _____ plurali e maschili e femminili plurali messi insieme; il dimostrativo "*queste*" è seguito sempre dai _____ plurali.

 XIII Completa i dialoghi. 完成对话。

A. ◊ Ciao, Carlo! _____ sono Sandro e Claudio.
   ● _____, Carlo!

B. ◊ Salve, _____ ! _____ sono Simona e Giovanna.
   ● _____ !

C. ◊ _____, Piero! _____ sono Paolo e Chiara .
   ● Piacere, _____ !

XIV Lavoro di gruppo. In gruppi di 4: praticate le presentazioni come nei dialoghi. Usate questi nomi. 小组练习。4人一组：模仿上面的对话，用下面的名字做介绍。

1. *Marco - Sonia*   2. *Ina - Teresa*   3. *Toni - Sergio*   4. *Aldo - Maria*

XV Identifica le persone e associa i titoli e i cognomi alle immagini. 辨别人物身份，将头衔和姓与图片连线。

 1   2   3    4   5

 6   7    8   9   10

a. l'architetto Guerra   b. il ragionier Mori   c. il professor Lombardo   d. la dottoressa Verde
e. il dottor Nasti   f. l'avvocatessa Romano   g. la ragioniera Trento
h. l'avvocato Napoli   i. l'ingegner Romano   l. la professoressa Lombardo

Grammatica: gli articoli determinativi　语法：定冠词

	Maschile 阳性		Femminile 阴性	
	davanti a: *s+cons., gn, pn, ps, x, y, z, vocale* 在s+辅音、gn、pn、ps、x、y、z，以及元音前	tutti gli altri casi 所有其他情况		
Singolare 单数	lo (l' [1])		la (l' [1])	
Plurale 复数	gli		i	le

N.B.　注意

Gli articoli "lo" e "la" diventano l' (con apostrofo) per elisione della vocale davanti a parola che comincia per vocale o "h" seguita da vocale.

在以元音字母开头的单词或以"h+元音字母"开头的单词前，因为省音，定冠词"lo"和"la"变成l'（带省音撇）。

XVI Osserva la tavola sopra e metti davanti al nome di professione o al titolo l'articolo appropriato: *il, lo, la* o *l'*.　观察上表，选择适当的定冠词il, lo, la或l'，填在表示职业的名词前面。

1. ___ psicologo   2. ___ medico   3. ___ signora   4. ___ studente   5. ___ hostess
6. ___ scienziato   7. ___ signorina   8. ___ archeologo   9. ___ studentessa   10. ___ interprete

XVII Ascolta le conversazioni e rispondi alle domande.　听对话，回答问题。

- **Conversazione 1**

	Sì	No
1. La signora Rossi e il professor Trento dicono: "*Ciao*"?	☐	☐
2. La signora Rossi presenta l'architetto Guerra?	☐	☐
3. L'architetto Guerra dice: "*Piacere, molto lieto*"?	☐	☐
4. La signora Rossi dice: "*Piacere mio*"?	☐	☐

- **Conversazione 2**

	Sì	No
1. Il signor Mori e la dottoressa Napoli dicono: "*Buongiorno*"?	☐	☐
2. La dottoressa Napoli presenta l'ingegner Nasti?	☐	☐
3. La dottoressa Napoli dice: "*Mi scusi*"?	☐	☐
4. La dottoressa Napoli dice: "*Piacere, molto lieta*."	☐	☐

N.B.　注意

1. Nel linguaggio corrente titoli come *ingegnere, dottore, professore, ragioniere* seguiti dal cognome perdono la "e". Abbiamo così: "professor Trento", "ingegner Nasti", ecc.

"Conosciamoci!" Modulo 1

在通用语中，像 *ingegnere, dottore, ragioniere* 这些表示头衔的词，后面如果跟着姓，词尾的字母"e"被省略，成为："signor Mori"，"professor Trento"，"ingegner Nasti"，等。

2. Usiamo il pronome di III persona "Lei" come forma di cortesia con le persone che non conosciamo, e/o di rispetto per i superiori, riferito anche ai nomi maschili.
第三人称代词"Lei"（您）作为尊称，用于称呼我们不熟悉的人或上级，也指代阳性名词。

XVIII Completa i dialoghi in maniera appropriata. 用适当的形式填空。

A
◊ B _____, _____ Napoli!
● B _____, signora _____!
◊ Le presento _____ _____ Nasti.
◉ Piacere, _____ _____!
● P _____ _____.

B
◊ _____, è Lei _____ _____ Romano?
● Sì, sono io.
◊ Io _____ _____ _____ Nasti.
● _____ _____!

C
◊ Le _____ _____ dottor Mori.
● Molto _____!
◉ _____, Lombardo!

N.B. 注意

Nelle presentazioni formali usiamo queste espressioni:
在正式介绍中，我们使用这些表达方式：

"Molto lieto!" "Molto lieta!" "Scusi..." "Mi scusi..." "Piacere." "Piacere mio."

XIX Lavoro di gruppo. In gruppi di 3: scegliete il titolo e il cognome e praticate le presentazioni formali. 小组练习。3人一组：选择头衔和姓，练习正式介绍。

A
◊ Buongiorno, _____ Romano!
● _____, _____ _____!
◊ _____ presento _____ signora _____.
◉ _____ _____!
● _____.

B
◊ _____, Sonia!
● _____! Ti presento _____.
◊ _____, Paolo.
◉ _____, Sonia.

XX Completa la tabella: 填表

presentazioni formali 正式介绍	presentazioni informali 非正式介绍
• titolo + cognome:	• nome:
	_____
• Lei	• _____
• _____	• Ti presento

XXI Lavoro di gruppo. In gruppi di 3/4: praticate le presentazioni formali e informali come negli esempi. 小组练习。3人或4人一组：仿照上面的例子，练习正式介绍和非正式介绍。

XXII. Leggi i dialoghi, sottolinea le espressioni nuove e cerca di capirne il significato. 读对话，划出新的表达方式，尽量理解意思。

A
◊ Ciao, Monica!
● Salve! Come stai?
◊ Bene, grazie. E tu?
● Non c'è male, grazie. Ciao!
◊ A più tardi.

B
◊ Buonasera, professor Donati!
● Ciao! Come stai? Stai bene oggi?
◊ Abbastanza bene, grazie.
● Allora, a domani!
◊ ArrivederLa!
● Ciao! A domani!

C
◊ Buongiorno, signora Napoli!
● Oh, ciao, Simona!
◊ Come sta?
● Non c'è male, grazie. E tu?
◊ Molto bene, grazie! ArrivederLa!
● Ciao, Simona!

XXIII. Completa la coniugazione del verbo "stare". 完成动词"stare"的变位。

Tempo Presente   现在时

io	sto	noi	stiamo
tu	_____	voi	state
lui, lei, Lei	_____	loro	stanno

Ricorda che   记住

- il verbo "stare", non solo esprime l'idea dello stato in luogo, nel suo significato di "essere" e "trovarsi", ma si usa per chiedere della salute e/o iniziare una conversazione.
动词"stare"不仅用于表达所处地点（意思是"essere"和"trovarsi"），还可以用于询问身体状况或开始一段对话。

XXIV. Leggi i dialoghi sotto e completa con la forma verbale corretta. 读下面的对话，用正确的动词形式填空。

A
◊ Ehi, Giulio e Monica, salve! Come _____?
● Molto bene, grazie. E tu, come _____?
◊ Bene!

B
◊ Bll professore d'italiano _____ bene oggi?
● Credo di sì: è in classe!

C
◊ Buongiorno, signora Maria! Come _____?
● Non c'è male, grazie!
◊ E a casa, come (loro) _____?
● _____ bene, grazie.

XXV Cosa diciamo quando ...? 我们……的时候说什么?

	Formale	informale
ci s'incontra 相遇	Buongiorno!	Salve!
s'inizia la conversazione 开始对话		
si risponde e si ringrazia 回答和感谢		
ci si congeda 告别		

XXVI Lavoro di coppia: prendete le parti e rileggete i dialoghi. Poi scambiatevi i ruoli. 2人练习：分角色，重新读对话。然后换角色再读。

XXVII Lavoro di coppia. Scegliete una nuova identità e praticate conversazioni informali e formali come nei dialoghi sopra. Usate queste espressioni in maniera appropriata. 2人练习。选择新身份，模仿上面对话，练习非正式和正式的对话。适当使用下列表达方式。

Ciao! / Salve!   Buongiorno!/ Buonasera!
ArrivederLa! / Ciao!   Come stai? /Come sta?   A domani!
Bene! / Molto bene!/ Abbastanza bene!   A più tardi !   Non c'è male, grazie!

Unità 2

"DI DOVE SEI?"
"你是哪里人？"

I Lavoro di coppia. Abbinate le bandiere, i nomi dei Paesi e le nazionalità alle città e confrontatevi con un'altra coppia. 2人练习。将国旗、国家名、国籍和城市名连线，然后跟另一组同学对照答案。

1 2 3 4

1. Germania ☐   Stati Uniti d'America ☐   Svezia ☐   Francia ☐
   tedesco/a ☐   statunitense-americano/a ☐   svedese ☐   francese ☐
2. Los Angeles ☐   Lione ☐   Stoccolma ☐   Amburgo ☐

1. Paul   2. Frieda   3. Ingela   4. Michel

II Guarda le immagini e completa le frasi. 看图片，完成句子。

1. Paul è _____. È di Los Angeles - 2. Frieda _____ _____, di _____.
3. Ingela _____ _____. È _____ _____. - 4. Michel _____ _____, _____ Lione.

III Lavoro di coppia. Collegate i Paesi alle nazionalità e alle rispettive città e confrontatevi con un'altra coppia. 2人练习。将国家、国籍及对应的城市名连线。然后跟另一组同学对照答案。

Paese	Nazionalità	Città
1. Inghilterra	o canadese	Sidney
2. Spagna	o argentino	Rio de Janeiro
3. Corea	o indiano	Nuova Delhi
4. Giappone	o australiano	Manchester
5. India	o cinese	Barcellona
6. Australia	o brasiliano	Montreal
7. Argentina	o coreano	Buenos Aires
8. Cina	o inglese	Seul
9. Brasile	o giapponese	Tokio
10. Canada	o spagnolo	Pechino

IV Lavoro di gruppo. In gruppi di 3/4: trovate gli aggettivi di nazionalità dei seguenti Paesi. 小组练习。3人或4人一组：找到下列国家名对应的形容词（表示国籍）。

Grecia: _____ Belgio: _____ Polonia: _____ Tunisia: _____ Irlanda: _____ Iran: _____
Marocco: _____ Russia: _____ Galles: _____ Arabia Saudita: _____ Portogallo: _____ Scozia: _____

"Conosciamoci!" Modulo 1

V Ascolta la pronuncia di questi aggettivi di nazionalità e segna l'accento sulla sillaba. 下列词汇是表示国籍的形容词。听发音，标出重读音节。

| canadese | argentino | australiano | americano | arabo | inglese | tedesco | indiano | cinese |
| polacco | tunisino | coreano | brasiliano | portoghese | irlandese | gallese | | |

VI Leggi i dialoghi, riempi gli spazi con i nomi e scegli l'aggettivo di nazionalità tra. 读对话填空。填写表示国籍的形容词时，从下列单词中选择。

    indiano-a   *australiano-a*   *giapponese*   *brasiliano-a*   *belga*

A
◊ Ciao, Luca. Come stai?
● Bene, grazie!
◊ Questo è Mark. È un _____ _____, di Sidney.
● Piacere, Luca.
◊ E questo è Hiro. È uno studente del corso d'italiano. È _____, di Tokio!
● Salve!

B
◊ Ti presento Amita, una _____ _____, di Nuova Delhi.
● Piacere!
◊ E questa è Estela. È _____, di Rio de Janeiro.
■ Salve!
● Ciao!

C
◊ Carlo, ti presento Charlotte e Paul!
● Piacere.
■ Piacere mio.
◊ Sai, Carlo...Charlotte è un' _____ _____, di Bruxelles.
■ Davvero!? Anche Paul è belga?
◊ Sì, di Halle.
■ Ah, bene!

VII Ascolta e controlla i dialoghi sopra. Poi completa la tabella con le informazioni mancanti. 听录音检查上面的对话。然后填出下表的缺项。

🌍	👔	👗
Australia	....	....
....	....	....
India	....	....
Brasile	....	....
....	....	belga

👁 Grammatica: aggettivi di nazionalità   语法：表示国籍的形容词

> Osserva gli esempi sopra e completa le seguenti regole sugli aggettivi di nazionalità. 观察上面的例子，填空。这是表示国籍的形容词的变化规则。
> 1. maschile singolare in -o ; _____ singolare in -a
> 2. maschile e _____ singolari in "ese"
> 3. maschile e _____ _____ in "a"
>
> ● Conosci altri aggettivi di nazionalità con una sola uscita per i due generi? Sì/No
> 你知道其他表示国籍的形容词，阴阳性用同一个词尾的吗？
> Se non ne conosci, chiedi all'insegnante. 如果不知道，就问老师。

Ricorda che 记住
- gli aggettivi di nazionalità si scrivono con la lettera minuscola.
表示国籍形容词的首写字母小写。

L'articolo indeterminativo 不定冠词

MASCHILE 阳性			FEMMINILE 阴性		
un	vocale / consonante 元音/辅音	un albero, un libro	un'	vocale 元音	un'amica, un'automobile
uno	s + cons. 辅音, gn pn, ps, x, y, z	uno studente, uno zaino	una	consonante 辅音	una ragazza, una sedia

VIII Osserva i dialoghi sopra e completa gli spazi. 观察上面的对话, 用适当的形式填空。

1. un: È _____ _____ _____
2. uno: È _____ _____ _____
3. una: Ti presento Amita, _____ _____ _____
4. un': Charlotte è _____ _____ _____

- Rifletti su queste espressioni e rispondi alle seguenti domande. 思考这些表达方式, 回答问题。
  1. Il nome e l'aggettivo concordano nel genere e nel numero? 名词和形容词在性、数上一致吗? Sì/No
  2. In che posizione si trova l'aggettivo di nazionalità: prima o dopo il nome? 表示国籍的形容词在什么位置: 名词前还是名词后?

IX Guarda i disegni e di' la nazionalità di queste persone. Usa anche questi nomi. 看图说出这些人的国籍, 并使用下列名词。

studente   ragazzo   signora   studentessa   signore   ragazza

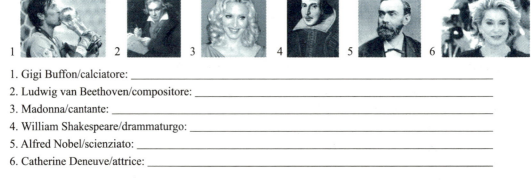

1. Shelima   2. Claire   3. Pablo   4. Athina   5. Mohamed   6. Takiro

X Osserva le foto e di' la nazionalità di questi personaggi famosi. 看照片, 说出这些名人的国籍。

Esempio: Lucio Dalla /cantautore -"*Lucio Dalla è un cantautore italiano.*"

1   2   3   4   5   6

1. Gigi Buffon/calciatore: _____
2. Ludwig van Beethoven/compositore: _____
3. Madonna/cantante: _____
4. William Shakespeare/drammaturgo: _____
5. Alfred Nobel/scienziato: _____
6. Catherine Deneuve/attrice: _____

XI Di che nazionalità sono queste persone? Fai frasi con le informazioni sotto. 这些人是哪国人? 根据下面的信息造句。

Esempio:Tina/Roma/studentessa-"*Tina è una studentessa italiana. È di Roma.*"

"Conosciamoci!" Modulo 1

1. Meg/Dublino/insegnante   2. Yves/Lione/avvocato   3. Pablo/Madrid/architetto   4. Piero/Pisa/ingegnere
_____   _____   _____   _____

5. Alex/Londra/insegnante   6. Amalia/Lisbona/studentessa   7. Helga/Oslo/dottoressa   8. Fiodor/Mosca/psicologo
_____   _____   _____   _____

 XII Lavoro di coppia. A turno, dite il nome di un personaggio famoso e l'altro/a dice la nazionalità. 2人练习。一人说出一位名人的名字，另一人说出他/她的国籍。

Esempio: ◊ *David Beckham.*
  • *È un calciatore inglese.*

XIII Quali lingue parli? Metti l'articolo determinativo davanti ai seguenti aggettivi di nazionalità. 你会说哪些语言？在下列表示国籍的形容词前填入定冠词。

___ francese; ___ inglese; ___ spagnolo; ___ russo; ___ italiano; ___ cinese; ___ svedese;
___ coreano; ___ giapponese; ___ tedesco; ___ portoghese; ___ arabo; ___ polacco; ___ ucraino.

 XIV Ascolta le presentazioni di queste persone e completa la tabella. 听人物介绍，填表。

	nazionalità	città natale	residenza	lingue parlate
	di che nazionalità è	di dov'è	dove abita	quali lingue parla
…………				l'inglese/un po' di francese
Ingrid				
…………			a Siena	

XV Ascolta di nuovo e controlla. Completa i paragrafi con le informazioni nella tabella e secondo il modello sotto. 再听一遍，检查答案。仿照下面的句式，用表中的信息填空并写句子。

1. Si chiama Ingrid. È una studentessa _____ di architettura. È di _____ ma abita a _____. Parla un po' _____ ma parla _____ _____ e _____ molto bene.
2. _____
_____
3. _____
_____

Grammatica: le congiunzioni 语法：连词 "e"，"ma"

> **Osserva le seguenti frasi e rispondi alle domande.** 观察下列句子，回答问题。
>   1. "È di Berlino <u>ma</u> abita a Perugia."   2. "Parla il tedesco <u>e</u> l'inglese."
> • La congiunzione "ma" ha valore contrastivo o aggiuntivo?........... 连词 "ma" 起对比作用还是补充作用？
> • E la congiunzione "e"? .... 连词 "e" 呢？

XVI Completa le frasi con la congiunzione appropriata. 用适当的连词完成句子。

1. Michelle è francese _____ è di Bruxelles.
2. Paolo parla l'inglese _____ il cinese?
3. Queste sono Maria _____ Roberta!
4. Parlo un po' lo spagnolo _____ l'inglese molto bene.
5. Abito Roma _____ sono di Perugia.
6. Madonna è una cantante americana, _____ Laura Pausini è una cantante italiana.

XVII Lavoro di coppia. A turno, fate domande sulle persone dell'attività d'ascolto e rispondete. 2人练习。根据听力练习中的人物情况提问，并回答。

Esempio: ◊ *Di che nazionalità è _____?*
  • *Di dov'è?*
  ◊ *Dove abita?*
  • *Che lingue parla?*

XVIII Fai una breve presentazione di un collega/una collega, compagno/a di classe, amico/a, ecc. Di' il nome, la nazionalità, l'occupazione, la città d'origine, la residenza attuale e le eventuali lingue parlate. Segui gli esempi sopra. 仿照上面的例句，简短地介绍一位同事、同学或朋友等。说出名字、国籍、职业、家乡、现在的居住地以及会讲的语言。

XIX Completa le coniugazioni dei verbi "abitare" e "parlare". 填出动词"abitare"和"parlare"的变位。

Tempo Presente 现在时

io	_____	io	_____
tu	abiti	tu	parli
lui/lei, Lei	_____	lui/lei, Lei	_____

XX Scegli uno di questi annunci e immagina di presentarti al colloquio di lavoro. Inizia la tua presentazione in questo modo. 在这些招聘启事中选一个，想象自己参加一个工作面试。这样开始你的自我介绍。

"Mi chiamo............ /Sono ....
...."

Studio di progettazione in Bologna cerca ingegnere, anche straniero, residente in zona.
Indispensabili: inglese e tedesco.
e-mail: spb@gmail.it

Ditta italiana d'import-export cerca contabile/ragioniere, di nazionalità cinese, per sede di Nanchino.
Buona conoscenza di queste lingue: italiano, inglese e spagnolo.
e-mail: brunosarti@hotmail.com

XXI Leggi i dialoghi e segna con una X il registro giusto. 读对话，用"X"标出正确的语气。

A   Formale   Informale
                                                                  □   □

◊ Sei italiana?
• No, sono greca, di Atene. E tu, di dove sei?
◊ Sono di Milano ma abito qui a Firenze. Parli l'italiano?
• Sì, un po'!

B   **Formale**   **Informale**
◊ Scusi, Lei è tedesca?   ☐   ☐
● No, sono austriaca. E Lei, di dov'è?
◊ Io sono tedesca, ma abito in Italia. E Lei, dove abita?
● Abito a Vienna, in Austria.
◊ Parla l'italiano?
● No, ma parlo l'inglese e un po' di francese.

👁 Grammatica: le preposizioni semplici di luogo   语法：表示地点的简单前置词 "di", "a", "in"

> **Osserva le frasi e completa lo schema in maniera appropriata.** 观察句子，用适当的形式填空。
> "*Sono* <u>di</u> *Milano ma abito qui* <u>a</u> *Firenze*"   "*Io sono tedesca, ma abito* <u>in</u> *Italia.*"
>   città (2)   nazione
> provenienza→ "di"+ nome di _____ ; stato in luogo→ "a" + nome di _____ / "in"+ nome di _____

XXII Leggi le frasi e inserisci la preposizione giusta: *di, a, in*. 读下面的句子，填入正确的前置词。

1. "Dove abita Alex?" - "_____ Australia, _____ Melbourne."
2. "Dov'è Ming?" - "_____ Nanchino, _____ Cina."
3. "Dove abita Monique?" - "_____ Canada, _____ Toronto."
4. "Di dov'è Carlo?" - "È _____ Pisa."
5. "Dove abiti, Laura?" - "Abito _____ Londra, _____ Inghilterra."
6. "Di dove sono Sasha e Yulia?" - "Sono _____ Mosca."

XXIII Rispondi alle domande e usa le parole in parentesi. 使用括号中的词汇回答问题。

1. "Di dove sei?"-"_____." (*essere-Merida-Messico-abitare-Italia*)
2. "La Statua della Libertà è a Londra?"-"_____." (*essere-New York-America*)
3. "Dov'è La Città Proibita?"- "_____." (*essere-Pechino-Cina*)
4. "Dove abita l'avvocato Russo?"- "_____." (*Italia-Fiesole*)
5. "Dov'è Il Davide di Michelangelo?"-"_____." (*Firenze*)
6. "Di dov'è Monica Bellucci?"-"_____." (*essere-Città di Castello-abitare-Parigi-Francia*)

XXIV Lavoro di coppia. A turno, prendete le parti dei parlanti e praticate le conversazione dell'attività "*xxi*". Poi cambiate le conversazioni dal formale all'informale e viceversa. 2人练习。分角色练习第21题中的对话。然后将对话中的正式语气和非正式语气进行互换。

XXV Lavoro di gruppo. In gruppi di 4/5: scambiatevi informazioni su di voi. Fate domande e rispondete su. 小组练习。4人或5人一组：谈谈你们自己。围绕下面几个方面提问并回答。

- città e provincia d'origine
- residenza attuale
- lingue parlate

XXVI Lavoro di coppia. A turno, fate conversazioni con le informazioni sotto.   2人练习。用下面的信息进行对话。

Esempio: italiano?/spagnolo   Roma?/Milano   italiano?/sì
◊ *Sei italiano?*   ◊ *Abiti a Roma?*   ◊ *Parli l'italiano?*
● *No, sono spagnolo.*   ● *No, abito a Milano.* ● *Sì, un po'!*

nazionalità   città   lingua
- inglese?/americano   Firenze?/Napoli   italiano?/no-spagnolo
- argentino?/brasiliano   Torino?/Genova   italiano?/sì+francese
- francese?/belga   Bologna?/Bari   italiano?/no-inglese+tedesco
- cinese?/coreano   Catania?/Venezia   italiano?/sì+arabo

XXVII Leggi il dialogo, completa gli spazi in maniera appropriata, ascolta e controlla. 读对话，用适当的形式填空。听对话，检查答案。

◊ Ciao! _____ Luciano.
● Ciao! _____ _____ Micaela.
◊ _____ _____ sei? Sei _____?
● No, non sono italiana. Sono _____, di Barcellona. E tu?
◊ _____ _____
● _____ di Roma?
◊ No, non sono _____ _____. _____ di Palermo.
● Abiti qui?
◊ No, non _____ ___ _____ ma ad Ostia. E tu, dove abiti? _____ _____ Italia per motivi di studio?
● _____ a Roma e sono in Italia per lavoro.

👁 Grammatica: la frase negativa   语法：否定句

> **Osserva le frasi e leggi la regola sotto.** 观察句子，读下面的规则。
> "*Non sono italiana.*"   "*Non abito a Roma.*"
> - Per formare la frase negativa mettiamo la particella negativa " non " prima del verbo.
> 把否定词 "non" 放在动词前就构成否定句。

XXVIII Cambia le seguenti frasi nella forma negativa.   将下面的句子变成否定形式。

1. La signora Rossi abita a Firenze. _____
2. È un architetto. _____
3. Kiro è una ragazza cinese. _____
4. Il dottor Russo parla bene lo spagnolo. _____
5. Abita a Milano. _____
6. Si chiama Piero. _____
7. È un dizionario italiano/cinese. _____
8. Oggi stai bene. _____

XXIX Rispondi negativamente alle domande.   用否定形式回答问题。

Esempio: Sei italiano? -"No, non sono italiano. Sono cinese."
1. Paolo è a Milano? _____
2. È lei Irina, la studentessa russa? _____
3. Il professore di francese abita a Roma? _____
4. Siete di Firenze? _____
5. Iris e Assad parlano il cinese? _____
6. L'avvocato Napoli è di Perugia? _____

XXX Metti in ordine le parole in queste frasi negative. 将这些词汇排序，构成否定句。

1. si/Paolo/ma/non/è/italiano/chiama. _____
2. abitano/a/non/Torino/Milano/a/ma/vero? _____
3. ma/parlo/inglese/non/bene/il/francese. _____
4. Sara/di/non/e/Martina/Roma/sono. _____
5. Napoli/abita/Irene/Genova/a/non/a/ma. _____
6. non/Russo/Catania/Maria/si/ma/di/chiama/è. _____

 XXXI Lavoro di gruppo. Immaginate di avere una nuova identità e, in gruppi di 3/4, a turno, fate domande del tipo "*si/no*" al vostro compagno/alla vostra compagna. Fate domande su. 小组练习。想象你们有一个新身份，3人或4人一组，轮流提问，一位同学回答"si/no"。围绕下面几个方面提问。

- nome
- professione e nazionalità
- città d'origine
- attuale residenza
- lingue parlate

Esempio: ◊ *Ti chiami Estela /Paolo ?*
    ● *No, non mi chiamo Estela/Paolo. Mi chiamo...*

Unità 3

"Compilare un modulo"
"填表"

 I Leggi, inserisci negli spazi i numeri mancanti, ascolta e controlla. 读数字填空，听录音，检查答案。

1. uno	11. undici	21. ventuno	60. sessanta
2. due	12. dodici	22. ventidue	67. _____
3. tre	13. tredici	23. ventitré	70. settanta
4. quattro	14. quattordici	28. _____	78. _____
5. cinque	15. quindici	30. trenta	80. ottanta
6. sei	16. sedici	34. _____	89. _____
7. sette	17. diciassette	40. quaranta	90. novanta
8. otto	18. diciotto	45. _____	99. _____
9. nove	19. diciannove	50. cinquanta	100. cento
10. dieci	20. venti	56. _____	

 II Ascolta l'estrazione dei numeri del lotto e riempi le caselle. 听彩票抽选数字，填出缺项。

Estrazione di martedì 21 luglio 2012					
Bari	65	___	15	84	72
Cagliari	41	35	47	___	87
Firenze	22	___	73	64	14
Genova	52	6	64	___	90
Milano	48	___	82	12	20
Napoli	61	71	82	___	85
Palermo	___	34	78	90	47
Roma	1	7	___	14	31
Torino	83	___	82	___	84
Venezia	58	12	___	19	16
Ruota Nazionale	3	87	78	21	___

III Lavoro di gruppo. In gruppi di 3/4, provate a giocare con i numeri nei due quadrati. 小组练习。3人或4人一组，试着用两个正方形中的数字做游戏。

1. Osservate il quadrato A e provate a fare un quiz aritmetico. Guardate questi simboli.
观察正方形A，试着做一个算术测验。观察这些计算符号。

x / "per" / + "più" / - "meno" / : "diviso"

Esempio: ◊ Quant'è 8: 2?
 • È 4.

2. Combinate i numeri del quadrato B fino a 100 e dettateli agli altri.
把正方形B中的数字任意组合成不超过100的数字，给其他同学听写。

A

B

IV Ann, una studentessa inglese, non sa come compilare il modulo d'iscrizione ai corsi universitari e chiede aiuto a Piero. Sottolinea le espressioni per chiedere e dire l'età. 一位英国学生Ann不知道如何填写大学注册表，问Piero如何填。划出询问和回答年龄的表达方式。

- ◊ Scusami, Piero... ma che cosa vuol dire "età"?
- ● Vuol dire "quanti anni hai". A proposito, quanti anni hai?
- ◊ Ne ho 24! Senti, ancora una cosa...che cos'è "*c.a.p.*"?
- ● È il codice di avviamento postale.
- ◊ E qual è il codice postale di Pisa?
- ● Forse è 56011. No, scusa, è 56010.
- ◊ Bene. Grazie tante, Piero!

 V Lavoro di gruppo. A turno, in gruppi di 5/6, chiedete e dite l'età. 小组练习。5人或6人一组：轮流提问并说出年龄。

Esempio: ◊ *Maria, quanti anni hai?*
　　　　　● *Ne ho ventidue / Ho ventidue anni. E tu? Quanti anni hai?*
　　　　　◊ *Ne ho ventitré/ Ho ventitré anni.*

 VI Completa la coniugazione del verbo "avere". 填出动词"avere"的变位。

Tempo Presente　现在时

io	_____	noi	abbiamo
tu	_____	voi	avete
lui, lei, Lei	ha	loro	hanno

N.B. 注意
La particella pronominale "ne" è usata per non ripetere un nome già menzionato, in questo caso, "anni".
用小品词"ne"是为了不重复前面已经提到的名词，在这儿代替的是"anni"。

VII Lavoro di coppia. guardate le foto sotto e indovinate l'età di queste persone. 2人练习。看下面的照片，猜猜这些人的年龄。

Esempio: ◊ *Secondo te, quanti anni ha........./hanno ....?*
　　　　　● *Secondo me, ... ne ha.. ..../ .... ne hanno ....*
　　　　　◊ *Sì, forse........../No, forse........*

Gloria　　　　Cho e Dae　　　Signor Mazzini　　Aisha Malaika　　Marco e Davide

 VIII Lavoro di coppia. A turno, cercate di indovinare l'età di amici e conoscenti comuni. Seguite il modello sopra. 2人一组。模仿上面的例子，猜猜共同的朋友和熟人的年龄。

IX Ascolta la conversazione e completa la tabella. 听对话填表。

indirizzo (strada e numero)	....
c.a.p. e città	....
cellulare	....
telefono fax	....
e-mail	....

N.B. 注意

Il simbolo @ di un indirizzo e-mail si legge "chiocciola".
电子邮件的标识@读作"chiocciola"。

Studio Pubblicitario G .De Petri
via Tonale n.34
cap 37126 Verona
Tel.: (+39) 045 8347387
Fax: (+39) 045 8341349

Arch. Elisa Giusti
corso Vittorio Emanuele n. 84
cap 90100 Palermo
cell. (+39) 338 3015654
e-mail: eligiusti@gmail.it

X Leggi i due biglietti da visita e rispondi alle seguenti domande. 读两张名片，回答下列问题。

1. Dov'è lo studio pubblicitario "De Petri"?
2. Dove ha lo studio l'architetto Giusti? Qual è l'indirizzo?
3. Lo studio "De Petri" ha un numero di fax? Se sì, qual è?
4. Qual è il codice di avviamento postale di Palermo?
5. Che numero di telefono ha lo studio "De Petri"?
6. L'architetto Giusti ha il cellulare? Qual è il numero?

 Grammatica: aggettivi e pronomi interrogativi "quale", "che" 语法：疑问形容词和代词 "quale"，"che"

> **Osserva le frasi e rispondi alle seguenti domande.** 观察句子并回答下列问题。
> 1. "*Di che nazionalità è?*"   2. "*Qual è l'indirizzo?*"
> - Possiamo sostituire "*quale*" a "*che*" nella frase 1 senza cambiarne il significato? Sì/No
>   我们可以用"quale"代替句1中的"che"，而意思又不发生变化吗？
> - Nella frase 2 l'interrogativo "*quale*" ha valore di aggettivo o di pronome? ....
>   句2中的疑问词"quale"是形容词还是代词？

che – invariabile 词形不变化	quale/i
nome singolare, maschile e femminile 阳性、阴性单数名词	quale + nome singolare, maschile e femminile quale + 阳性、阴性单数名词
nome plurale, maschile e femminile 阳性、阴性复数名词	quali + nome plurale, maschile e femminile quali + 阳性、阴性复数名词

"Conosciamoci!" Modulo 1

 IV Ann, una studentessa inglese, non sa come compilare il modulo d'iscrizione ai corsi universitari e chiede aiuto a Piero. Sottolinea le espressioni per chiedere e dire l'età. 一位英国学生Ann不知道如何填写大学注册表，问Piero如何填。划出询问和回答年龄的表达方式。

◊ Scusami, Piero... ma che cosa vuol dire "età"?
● Vuol dire "quanti anni hai". A proposito, quanti anni hai?
◊ Ne ho 24! Senti, ancora una cosa...che cos'è "c.a.p."?
● È il codice di avviamento postale.
◊ E qual è il codice postale di Pisa?
● Forse è 56011. No, scusa, è 56010.
◊ Bene. Grazie tante, Piero!

 V Lavoro di gruppo. A turno, in gruppi di 5/6, chiedete e dite l'età. 小组练习。5人或6人一组：轮流提问并说出年龄。

Esempio: ◊ *Maria, quanti anni hai?*
● *Ne ho ventidue / Ho ventidue anni. E tu? Quanti anni hai?*
◊ *Ne ho ventitré/ Ho ventitré anni.*

 VI Completa la coniugazione del verbo "avere". 填出动词"avere"的变位。

Tempo Presente 现在时

io	————	noi	abbiamo
tu	————	voi	avete
lui, lei, Lei	ha	loro	hanno

N.B. 注意
La particella pronominale "ne" è usata per non ripetere un nome già menzionato, in questo caso, "anni".
用小品词"ne"是为了不重复前面已经提到的名词，在这儿代替的是"anni"。

VII Lavoro di coppia. guardate le foto sotto e indovinate l'età di queste persone. 2人练习。看下面的照片，猜猜这些人的年龄。

Esempio: ◊ *Secondo te, quanti anni ha......../hanno ....?*
● *Secondo me, ... ne ha.. ..../ .... ne hanno ....*
◊ *Sì, forse........../No, forse..........*

Gloria   Cho e Dae   Signor Mazzini   Aisha Malaika   Marco e Davide

 VIII Lavoro di coppia. A turno, cercate di indovinare l'età di amici e conoscenti comuni. Seguite il modello sopra. 2人一组。模仿上面的例子，猜猜共同的朋友和熟人的年龄。

27

IX Ascolta la conversazione e completa la tabella. 听对话填表。

indirizzo (strada e numero)	....
c.a.p. e città	....
cellulare	....
telefono fax	....
e-mail	....

 N.B. 注意

Il simbolo @ di un indirizzo e-mail si legge "chiocciola".
电子邮件的标识@读作"chiocciola"。

Studio Pubblicitario G .De Petri
via Tonale n.34
cap 37126 Verona
Tel.: (+39) 045 8347387
Fax: (+39) 045 8341349

Arch. Elisa Giusti
corso Vittorio Emanuele n. 84
cap 90100 Palermo
cell. (+ 39) 338 3015654
e-mail: eligiusti@gmail.it

X Leggi i due biglietti da visita e rispondi alle seguenti domande. 读两张名片，回答下列问题。

1. Dov'è lo studio pubblicitario "De Petri"?
2. Dove ha lo studio l'architetto Giusti? Qual è l'indirizzo?
3. Lo studio "De Petri" ha un numero di fax? Se sì, qual è?
4. Qual è il codice di avviamento postale di Palermo?
5. Che numero di telefono ha lo studio "De Petri"?
6. L'architetto Giusti ha il cellulare? Qual è il numero?

 Grammatica: aggettivi e pronomi interrogativi "quale", "che"   语法：疑问形容词和代词 "quale"，"che"

> **Osserva le frasi e rispondi alle seguenti domande.** 观察句子并回答下列问题。
> 1. "*Di che nazionalità è?*"   2. "*Qual è l 'indirizzo?*"
> - Possiamo sostituire "*quale*" a "*che*" nella frase 1 senza cambiarne il significato? Sì/No
>   我们可以用 "*quale*" 代替句1中的 "*che*"，而意思又不发生变化吗？
> - Nella frase 2 l'interrogativo "*quale*" ha valore di aggettivo o di pronome? ....
>   句2中的疑问词 "*quale*" 是形容词还是代词？

che – invariabile 词形不变化	quale/i
nome singolare, maschile e femminile 阳性、阴性单数名词	quale + nome singolare, maschile e femminile quale + 阳性、阴性单数名词
nome plurale, maschile e femminile 阳性、阴性复数名词	quali + nome plurale, maschile e femminile quali + 阳性、阴性复数名词

"Conosciamoci!" Modulo 1

XI Trasforma le seguenti frasi e usa l'aggettivo interrogativo *che* invece di *quale*. 变换下列句子，用疑问形容词*che*代替*quale*。

Esempio: Qual è il numero di cellulare di Anna? - "*Che numero di cellulare ha Anna?*"
1. Qual è il numero di cellulare di Sara? _____
2. Qual è il codice di avviamento postale di Milano? _____
3. Qual è il numero di telefono di Gianni e Rosa? _____
4. Qual è il prefisso teleselettivo di Roma? _____
5. Qual è il numero di fax di Michele? _____
6. Qual è l'e-mail di Rosario? _____

XII Lavoro di gruppo. In gruppi di 3/4: Scambiatevi i numeri di telefono, di cellulare, di fax e gli indirizzi e-mail. 小组练习。3人或4人一组：交换你们的电话、手机号码和电子邮箱。

Esempio: ◊ *Scusa... / Senti... qual è il tuo numero di ...?*
　　　　● *È... / Mi dispiace, non ho ...!*
　　　　◊ *E che indirizzo e-mail hai?*
　　　　● *È.../ Mi dispiace, non ho...!*

XIII Abbina le domande date in ordine sparso alle parti di questo modulo d'iscrizione. 把没有按顺序排列的问题与报名表中的各个部分连接起来。

Compila e stampa il presente modulo e invialo per fax o e-mail
Oasi Club Palestra: via Gambini n. 51 - 34141 Trieste - telefono: 040632393
MODULO d'ISCRIZIONE

Nome:	Cognome:
Indirizzo:	Città:
C.A.P.:	Provincia:
Telefono:	Cellulare:
Fax:	E-mail:
Età:	Codice Fiscale:

1. Quanti anni hai?
2. Dove abiti?
3. Qual è il tuo indirizzo e-mail?
4. Che numero di codice fiscale hai?
5. Che numero di cellulare hai?
6. Come ti chiami?
7. Che numero di telefono hai?
8. Qual è il tuo numero di fax?

XIV Lavoro di coppia. Scegliete una nuova identità e, a turno, fate domande e compilate il modello sopra per il vostro compagno/la vostra compagna. 2人练习。选择一个新身份，轮流提问，为同学填写上面的表格。

XV Lavoro di coppia. Decidete chi siete - Studente A/Studente B - e, a turno, completate il modulo sotto. Lo Studente A fa le domande allo Studente B e lo Studente B risponde e viceversa. Lo Studente A rimane in questa pagina. Lo Studente B va all'Appendice a pag 175. 2人练习。分角色，同学A和同学B，轮流填写下表。同学A提问，同学B回答，然后互换。同学A用本页的信息，同学B看附录175页。

- **Studente A: fai domande allo Studente B e rispondi alle sue domande.**
  同学A：向同学B提问，然后回答同学B的问题。

Cognome: Martini
Nome: Jean Paul
Età: 36
Luogo di nascita:
Nazionalità: francese
Indirizzo: viale Giulio Cesare n.48 - 40100 Bologna
Indirizzo e-mail: jeanpaulmartini@hotmail.com
Numero di telefono: (*casa*) 0171 332713;
(*cellulare*) 135437658121
Professione: Avvocato

Cognome: _____
Nome: _____
Età: _____
Luogo di nascita: _____
Nazionalità: _____
Indirizzo: _____
Indirizzo e-mail: _____
Numero di telefono: (*casa*) _____
(*cellulare*) _____
Professione: _____

XVI Per concludere.......Rivedi tutto il modulo e completa gli spazi sotto come meglio puoi. 作为总结……复习本章内容，尽你所能填空。
- **Come** ....
- **Di dove** ....
- **Quale** ....
- **Che** ....
- **Quanti/e** ....
- **Dove** ....

L'angolo della pronuncia
发音角

b, p (labiali 唇音) - t, d (dentali 齿音)

I Ascolta le parole e ripeti. 听单词并跟读。

banana bene	biro bocca	buono pane	pera pipa	poco purè
basta/pasta	balla/palla	belle/pelle	bizza/pizza	pozzo/bozzo
tassa testo	tipo topo	tuta dado	dente dito	dottore durante
detto/tetto	dardi/tardi	dagli/tagli	dimore/timore	dama/t'ama

II Ascolta la registrazione e inserisci le parole nella colonna giusta. 听录音，将单词填入适当的空格。

b [bi]	p [pi]	t [ti]	d [di]
....	....	....	....
....	....	....	....
....	....	....	....

III Lavoro di coppia. Provate a mescolare le parole sopra e a fare frasi anche senza senso: confrontatevi con il resto della classe. Quali sono gli abbinamenti migliori? 2人练习：试着将上面的单词混合造句，句子不通顺也没关系。跟其他同学比较句子，哪些组合是最好的？

IV Pronuncia delle doppie 双辅音的发音 "bb [bbi], pp [ppi], tt [tti], dd [ddi]". Ascolta e ripeti. 听录音并跟读。

babbo	labbro	abbiamo	abbonamento	abbraccio	abbellire	arrabbiato	febbre
tappo	doppio	coppa	pappa	zoppo	zuppa	appuntamento	cappello
spaghetti	operetta	gatto	attore	brutto	sette	caffelatte	città
addio	budda	reddito	addosso	addobbo	freddo	suddetto	addentare

V Prova ad annotare per una settimana parole con i suoni consonantici sopra, ripeti più volte e controlla la tua pronuncia. 试着在一周内，记下带这些辅音的词，多重复几遍，检查发音。

Scheda grammaticale riassuntiva 语法概要卡片

- **I pronomi soggetto**

	Singolare	Plurale
prima persona	io	noi
seconda persona	tu	voi
terza persona	lui (egli) lei (ella) Lei (Ella) esso, essa	loro, Loro, essi, esse

- **I verbi al presente indicativo**

  1. gli ausiliari "essere" e "avere".

     "*Lucio Dalla è un cantautore italiano*" - "*Quanti anni hai?*"

2. Alcuni verbi in-are: "stare", "chiamarsi", "abitare", "parlare".

"*Stai bene oggi?*" - "*E tu, come ti chiami?*" - "*E Lei dove abita?*" - "*Parli l'italiano?*"

- **La frase affermativa**

  "*Mi chiamo Roberta.*" - "*È di Berlino.*"

- **La frase interrogativa**

  "*Sei italiano?*" - "*Ti chiami Estela?*" - "*Parla l'italiano?*"

- **La frase negativa**

  "*No, non sono italiana.*" - "*Mi dispiace, non ho telefono.*"

- **I dimostrativi maschili e femminili, singolari e plurali**

  "*Questo è Carlo*" - "*Questi sono Paolo e Alessio.*" - "*Questa è Paola*" - "*Queste sono Nadia e Tina.*" - "*Questi sono Antonio e Sonia!*"

- **Gli articoli determinativi (forme al singolare)**

  il professor Trento, lo psicologo, l'architetto Guerra, la signora Rossi, ecc.

- **L'articolo indeterminativo**

  "*È un ragazzo australiano, di Sidney.*" - "*È uno studente del corso d'italiano.*" - "*Ti presento Amita, una ragazza indiana, di Nuova Delhi.*" - "*Charlotte è un'insegnante belga, di Bruxelles!*"

- **Gli aggettivi di nazionalità, loro posizione e concordanza**

  "*Lucio Dalla è un cantautore italiano.*" - "*Madonna è una cantante americana.*" "*William Shakespeare è un drammaturgo inglese.*" - "*Catherine Deneuve è un'attrice francese.*" "*Charlotte è un'insegnante belga, di Bruxelles!*" - "*Anche Paul è belga?*"

  - Aggettivi in-o/a (come "*italiano/a*"), in-ese (come "*inglese*"), in-a (come "*belga*")

- **Le congiunzioni: "e", "ma"**

  "*È di Berlino ma abita a Perugia.*" - "*Parla il tedesco e l'inglese.*"

- **Le preposizioni: "di", "a", "in"**

  "*È di Berlino ma abita a Perugia.*" - "*Io sono tedesca, ma abito in Italia.*" (provenienza)

  "*Qual è il codice di avviamento postale di Palermo?*" (specificazione)

  -In questi esempi la preposizione "*di*" introduce sia il complemento di specificazione che il complemento di provenienza.

- **Gli avverbi: "come", "dove"**

  "*Come ti chiami?*" - "*Dove abiti?*"

- **Gli aggettivi e pronomi interrogativi: "che", "quale"**

  "*L'architetto Giusti ha il cellulare? Qual è il numero?*" - "*Che numero di cellulare ha Anna?*"

Per comunicare: sintesi delle funzioni 交际用语：功能梗概

presentarsi e presentare gli altri in maniera informale e formale	"Ciao! Io sono Maria. Questo è Paolo!" - "Piacere!/Salve!" - "Scusi, Le presento l'architetto Guerra." - "Piacere, molto lieto!"
salutare in maniera informale e formale	"Ciao, Alberto!" - "Salve!" - "Buongiorno, signora Maria." - "Buonasera, professor Donati." - "Ciao! A domani." - "Allora , a domani!" - "ArrivederLa!"
iniziare una conversazione	"Salve! Come stai?" - "Come sta?" - "Bene, grazie. E tu?" - "Non c'è male, grazie!" - "Molto bene, grazie!" - "Abbastanza bene, grazie!"
parlare di nazionalità provenienza, attuale residenza, lingue parlate	"Sei italiano?" - "Di dove sei?" - "Abiti a Roma?" - "Sono tedesca ma abito a Milano" - "Parli l'italiano?" - "Sì, un po!"
chiedere/dire l'età	"Maria, quanti anni hai?" - "Ne ho ventidue." - "Ho ventidue anni."
chiedere/dare o non dare i recapiti personali: numero di telefono, di cellulare, indirizzo, e-mail	"Qual è il tuo numero di cellulare/telefono...?" - "È..."/ Mi dispiace, non ho cellulare/telefono." - "Che indirizzo ha l'architetto Giusti?" - "Corso Vittorio Emanuele n. 84 - 90100 Palermo." - "Dov'è lo studio pubblicitario De Petri?" - "È in via Tonale n. 34 a Verona."

Laboratorio 实验室

1. Metti l'articolo determinativo e l'articolo indeterminativo accanto al nome. 在名词旁加上定冠词和不定冠词。

___/___ viale, ___/___ matita, ___/___ studio, ___/___ aula, ___/___ sport, ___/___ scozzese
___/___ zaino, ___/___ alunna, ___/___ dizionario, ___/___ euro, ___/___ aereo, ___/___ lavoro.

2. Trova l'errore e correggi ove necessario. 找错误，在需要的地方修改。

a. lo amico   b. la pizza   c. la scuola   d. il spettacolo   e. il insegnante   f. lo studente   g. lo italiano
h. la amica   i. lo attore   j. la attrice   k. l'università   l. lo psicologo   m. lo ragioniere   n. la poeta

3. Articolo determinativo o indeterminativo? Completa gli spazi. 定冠词还是不定冠词？填空。

a. ____ dottor Politi non è di Roma.
b. ____ cricket è ____ sport tipicamente inglese.
c. ____ signorina Bianchi è di Firenze ed è ____ professoressa.
d. Mi dispiace ma non parlo ____ inglese! Parlo solo ____ po' di spagnolo.
e. Scusa, ma questo non è ____ dizionario d'italiano!
f. Mi dispiace, ma ____ architetto Rossi è in Cina in questo momento.
g. Paola è ____ insegnante di matematica.
h. Olga è ____ alunna straniera ma parla ____ italiano molto bene.

4. Completa le frasi seguenti con l'aggettivo di nazionalità. 用表示国籍的形容词填空。

a. Fatima è una studentessa _____? - Sì, di Algeri.
b. Il professore d'_____ non è di Londra ma di New York.
c. Questo è Dionek. E' _____, di Varsavia.
d. Si chiama Giuseppe, un nome tipicamente _____!
e. La signora Rossi abita a Parigi ma non è _____.
f. La Mercedes è una macchina _____.
g. Shanghai è una metropoli _____.
h. Claude è un ingegnere _____, di Bruxelles.

5. Inserisci negli spazi sotto i seguenti verbi 用下列动词填空: *essere avere chiamarsi abitare.*

a. (io) _____ Monica e _____ una studentessa di Bari.
b. Salve! (voi) _____ di Roma?
c. Non _____ Olga ma Tiziana e non _____ un'insegnante.
d. Dove _____ (tu)? In viale Vittorio Emanuele.
e. Paolo, che numero di cellulare _____? Non ricordo.
f. Mi scusi, di dov'è _____?
g. Josh e Claire _____ rispettivamente 20 e 23 anni.
h. "Avvocato Sardo, questo _____ il dottor Marino." - "Molto lieto!"

6. Metti in ordine le parole sotto e fai frasi di senso compiuto. 将单词排序造句，意思要完整。

a. inglese/italiano/essere/non/Patricia/ma ....
b. dove/scusate/essere/di/voi? ....
c. avere/quanti/tu/anni? ....
d. come/chiamarsi/Lei/mi scusi? ....
e. loro/chiamarsi/e/Kevin/Ann ....
f. parlare/non/cinese/italiano/io/non/e/tu ....

g. non/stare/avvocato/bene/Martini ....

h. a/dove/Milano/ma/abitare/tu? ....

7. Riempi gli spazi in queste frasi interrogative. 给这些疑问句填空。

a. Di _____ è Ivo? E _____ abita?

b. Di _____ nazionalità è? E _____ lingue parla?

c. In _____ città italiana abiti?

d. In _____ via è il Teatro alla Scala?

e. _____ anni ha il calciatore italiano Francesco Totti?

f. _____ è il tuo indirizzo e-mail?

8. Completa gli spazi con la preposizione giusta 用适当的前置词填空: *di a in.*

a. Qual è l'indirizzo ____ Paolo?

b. Kim è un'insegnante ____ coreano e abita ____ Firenze.

c. ____ che paese sei? ____ dove sei?

d. La scuola ____ cinese è ____ via Dante, ____ Perugia.

e. Le canzoni ____ Lucio Dalla sono molto popolari ____ Italia.

f. Qual è il numero ____ telefono ____ Marco ____ Milano?

9. Queste sono le risposte: quali sono le domande? 这些是答案。应该如何提问？

a. ....? Non ha il fax ma il telefono.

b. ....? No, ne ho 18!

c. ....? Sì, un po', ma parlo bene il francese!

d. ....? Salve, Assad! Benvenuto in Italia!

e. ....? No, non è francese! È belga.

f. ....? Non abitiamo a Milano ma a Perugia.

g. ....? È questo: giuliogenova@hotmail.it.

h. ....? L'insegnante di tedesco? Helga!

MODULO 2

"Io e le persone attorno a me!"

"我与身边的人们!"

In questo modulo imparerai a   在本章你将学到

- parlare di rapporti di parentela
  谈论亲属关系
- parlare della propria famiglia
  谈论自己的家庭
- descrivere se stessi e gli altri (aspetto fisico, carattere)
  描述自己和他人（外貌、性格）
- chiedere e dare informazioni di carattere personale
  谈论个人的性格
- chiedere e dire del proprio lavoro e di quello degli altri
  谈论自己和他人的工作
- esprimere giudizi sulle professioni e i lavori
  表达对职业和工作的看法·

Unità 1

"Ecco, questa è la mia famiglia!"
"这是我的家庭！"

I Abbina le foto ai nomi di parentela. 把照片与表示亲属关系的名词连线。

1
madre e figlia

2
fratello e sorella

3
marito e moglie

4
padre e figlio

II Ecco l'albero di famiglia di Sara: scrivi negli spazi questi nomi di parentela. 这是 Sara 的家谱，用这些表示亲属关系的名词填空。

nonni   genitori   zii   cognato/a

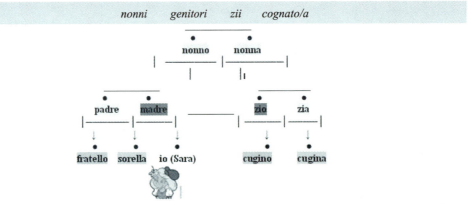

III Qual è il rapporto di parentela tra...? Completa. 他们之间的亲属关系是怎样的？填空。

fratelli   nipote (2)   nipoti   suoceri   sorelle   genero   nuora   figli

1. Sara, il fratello, la sorella e i genitori: _____
2. La madre di Sara e i nonni: _____ _____
3. Sara, il fratello, la sorella e i nonni: _____
4. Sara e gli zii: _____
5. Il cugino di Sara e i genitori di Sara: _____
6. Sara e la sorella: _____
7. Sara, il fratello e la sorella: _____
8. Lo zio di Sara e i nonni: _____

IV Ascolta le conversazioni, leggi le affermazioni e riempi gli spazi. 听对话，读句子，填空。

Conversazione 1

a. Roberto e Rosa sono i _____ di Stefano.

b. La _____ di Stefano e di Carlo si chiama Elisa.

c. Tina è la _____ di Stefano.

d. Stefano, Carlo ed Elisa sono i _____ di Tina.

"Io e le persone attorno a me!" Modulo 2

V Segna con una X le affermazioni vere e correggi quelle errate: 用"X"标出正确的判断，修改错误的判断。

Conversazione 2	Vero	Falso
a. Mario e Gina sono i genitori di Silvia.	☐	☐
b. Luisa non ha fratelli.	☐	☐
c. Laura e Silvia sono sorelle.	☐	☐
d. Maria è la figlia di Luisa.	☐	☐

Grammatica: il plurale dei sostantivi e gli articoli determinativi 语法：名词复数和定冠词

Osserva le frasi e completa la tabella con i nomi e gli articoli. 观察句子，用名词和冠词填表。

genere	desinenza singolare	desinenza plurale
maschile	-o:	-i: i fratelli
femminile	-a:	-e: ....sorelle
maschile	-e:	-i: ....genitori
femminile	-e: la nipote	-i: le ....

VI Arricchisci il tuo lessico. 丰富你的词汇。

1. cerca nel dizionario il significato delle seguenti parole. 在字典中找出下列单词的意思。
   bisnonno/a   patrigno/matrigna   figliastro/a   pronipote (m, f)

2. fai il plurale di questi nomi e aggiungi l'articolo. 将下列名词变成复数，并加上冠词。
   Esempio: il suocero - i suoceri
   suocera _____; genero _____; nuora _____;
   bisnonno _____; bisnonna _____; pronipote (m) _____;
   pronipote (f) _____; cugino _____; cugina _____

3. fai frasi vere per te. 根据你的真实情况造句。
   Esempio: "Ho 4 cugini e 3 cugine." - "Non ho pronipoti."

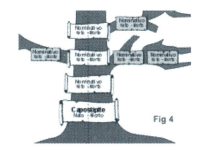

Fig 4

VII Lavoro di coppia. Decidete chi siete - Studente A/Studente B. Lo Studente A disegna l'albero della famiglia di Stefano e lo Studente B quello della famiglia di Luisa. Poi, a turno, fate domande e rispondete. 2人练习。分角色，同学A和同学B。同学A画Stefano的家谱；同学B画Luisa的家谱。然后互相提问并回答。

Esempio: ◊ *Chi è Roberto?*
- *È il padre di Stefano.*
◊ *Chi sono Silvia e Laura?*
- *Sono le figlie di Marco.*

Grammatica: il pronome interrogativo "chi"　语法：疑问代词"chi"

Si usa per identificare qualcuno o per fare riferimento a persone ed esseri animati.
用于确定某人的身份或指代人和生物。
"chi" è invariabile, cioè non cambia né nel genere né nel numero.
"chi"的词形不变化，也就是没有性和数的变化。

VIII Leggi le risposte e fai le domande relative alle parti sottolineate. 读回答，根据划线部分提问。

1. _____? È il figlio di <u>Piero</u>.
2. _____? Sono <u>due ragazze inglesi</u>.
3. _____? <u>Io</u> ho una sorella e un fratello!
4. _____? <u>Paolo</u> parla bene il francese e il cinese.
5. _____? <u>Io no</u>! Io mi chiamo Antonio.
6. _____? Sono <u>i Bianchi</u>.

IX Leggi quest' e-mail, segna con una X le affermazioni vere e correggi quelle false. 读这封电子邮件。用"X"标出正确的判断，改正错误的判断。

Salve Miguel,
    mi chiamo Filippo Rossi e sono uno studente italiano di architettura. Ho ho 19 anni. Sono di Venezia e abito qui con la mia famiglia. Siamo in cinque: i miei genitori, i miei due fratelli gemelli di 15 anni e io. Mio padre si chiama Augusto, ha 45 anni ed è professore di matematica; mia madre Sara, invece, ha 40 anni ed è ragioniera. I miei due fratelli, Dario e Carlo, sono studenti di liceo.
    Io sono un ragazzo simpatico e socievole, specialmente con i ragazzi stranieri. Le mie passioni sono il rock, la musica classica e lo sport. Il calcio è il mio sport preferito e la Iuventus è la mia squadra del cuore: sono un grande tifoso di Del Piero! Qual è il tuo sport preferito? E la tua musica preferita?
    Scrivimi a questo indirizzo e-mail: filrossi@hotmail.it.
    Un caro saluto,
    Filippo

	Vero	Falso
1. Filippo Rossi è uno studente d'italiano.	☐	☐
2. I suoi due fratelli hanno la stessa età.	☐	☐
3. Suo padre è un ingegnere.	☐	☐
4. La sua squadra di calcio preferita è il Milan.	☐	☐
5. La sua musica preferita è il rock.	☐	☐
6. Il suo indirizzo e-mail è: filrossi@gmail.it.	☐	☐

X Fai riferimento alle attività precedenti, sottolinea gli aggettivi possessivi e completa la tabella. 参照前面的练习，划出物主形容词，填表。

aggettivi e pronomi possessivi 物主形容词和代词

pronomi soggetto 主语人称代词	singolare maschile 阳性单数	singolare femminile 阴性单数	plurale maschile 阳性复数	plurale femminile 阴性复数
io	....	....	....	....
tu	....	....	tuoi	tue
egli	....	....	....	sue
noi	nostro	nostra	nostri	nostre
voi	vostro	vostra	vostri	vostre
loro/essi	loro	loro	loro	loro

Grammatica: gli aggettivi possessivi 语法：物主形容词

Confronta le seguenti frasi e rispondi alle domande. 对比下面的句子，回答问题。

1. "*Il calcio è il mio sport preferito*"　"*…e abito qui con la mia famiglia.*"
   "*Mio padre si chiama Augusto.*"　"*…mia madre Sara, invece, ha 40 anni…*"

- L'aggettivo possessivo è sempre preceduto dall'articolo con i nomi singolari? Sì/No
  物主形容词在修饰单数名词时，前面总是有冠词吗？
  Se no, con quali nomi?
  如果不是，修饰哪些名词时不用冠词？

2. "*I suoi due fratelli hanno la stessa età.*"　"*Le mie passioni sono il rock, la musica classica e lo sport.*"

- Perché negli esempi sopra è espresso l'articolo determinativo con i possessivi?................
  为什么在上面的例句中，物主形容词带有定冠词？

N.B. 注意

"loro", invariabile, rappresenta l'unica eccezione alla regola dell'articolo con il possessivo al singolare. Confronta: loro的词形不变化，是单数物主形容词规则中，冠词用法的唯一特例。对比：

"*Paolo è suo fratello?*" - "*Jenny è la loro zia.*" - "*Le loro passioni sono il calcio e la musica.*"

XI　Riempi gli spazi con gli aggettivi possessivi appropriati. 用适当的物主形容词填空。

1. (io) _____ amica; _____ genitori; _____ fratello; _____ dizionario italiano-cinese
2. (noi) _____ zii; _____ nipote Carla; _____ parenti; _____ classe; _____ professori
3. (tu) _____ nonno; _____ moglie; _____ sport preferito; _____ cugini; _____ figlie
4. (voi) _____ madre; _____ parenti preferiti; _____ collega Marina; _____ suocero
5. (egli) _____ libri; _____ genero; _____ passione; _____ zia; _____ fratelli
6. (loro) _____ pronipote; _____ famiglia; _____ musica preferita; _____ figli

XII　Inserisci l'aggettivo possessivo giusto e l'articolo, ove necessario. 填入正确的物主形容词，并在需要的地方，填入冠词。

1. (tu) Chi sono _____ nipoti?
2. (di Sandro) Come si chiama _____ padre?
3. (tu) La ragazza con lo zaino è _____ sorella?
4. (Maria e Sonia) Marco è _____ cugino.
5. (io) Queste signore sono _____ cognate.
6. (voi) Questi bambini sono _____ figli?
7. (di Alba) Michele è _____ fratello.
8. (noi) _____ cugini abitano a casa dei nonni materni.

XIII　Riformula le frasi usando gli aggettivi possessivi appropriati. 用适当的物主形容词改写句子。

Esempio: Il fratello di Alberto è uno studente di liceo. - "*Suo fratello è uno studente di liceo.*"

1. Di dove sono i nonni materni di Gloria? _____

2. Lo sport preferito di Gianni è il tennis. _____
3. Il figlio di Roberto e Olga abita a Londra. _____
4. Il padre di Stefania è un professore di liceo. _____
5. Lo zio di Laura è ragioniere. _____
6. La nonna paterna di Gianni e Paolo ha 90 anni. _____

XIV Parliamo di possesso! Leggi questo dialogo, completa con i possessivi appropriati, ascolta e controlla. 看看这是属于谁的！读这段对话，用适当的物主形容词填空，听录音，检查。

◊ È _____ questo cellulare?
● Sì, è _____.
◊ E di chi sono questi quaderni? Sono tuoi?
● No, non sono _____. Sono _____, di Giovanni.
◊ E di chi sono questi appunti? Sono _____?
● Sì, sono nostri: _____ e di Stefania.

Grammatica: i pronomi possessivi 语法: 物主代词

Sottolinea i possessivi nel dialogo sopra e rispondi alle seguenti domande.
划出上面对话中的物主代词，回答下列问题。
● A quale elemento della frase si riferiscono?.................................
  这些词在句中指代什么成分？
● Che cosa li distingue dagli aggettivi possessivi? ....
  它们与物主形容词的区别是什么？

N.B. 注意

Per esprimere l'idea di appartenenza o possesso usiamo il pronome interrogativo "chi" seguito dalla preposizione "di". 为了表达归属，我们用前置词"di"后跟疑问代词"chi"。

Esempio: "E di chi sono questi appunti?"

XV Inserisci negli spazi il pronome possessivo o l'interrogativo chi per esprimere possesso. 用物主代词或疑问代词 chi 填空，表达所属关系。

1. "Mario, _____ è questa macchina?" - "È _____." (*di Laura*)
2. "Giulia e Veronica, questi libri sono _____?" - "Sì, sono i _____."
3. "I loro genitori sono giovani, non _____!" (*di noi*)
4. "_____ sono questi bambini? Sono i tuoi figli?" - "No, non sono i _____."
5. "I nostri interessi sono la musica e lo sport. E i _____?" (*di voi*)
6. "_____ è fratello Davide? Tuo? _____? (*di Anna*)

XVI Metti in ordine le seguenti parole e forma frasi. 将下列词汇排序，造句。

Esempio: chi-è-tuo-no-suo-è-cellulare-di-questo? - "*Di chi è questo cellulare? È tuo?*" - "*No, suo.*"

1. sono-matite-mie-non-chi-sono-di-queste?
2. e-il-non-è-chi-il-dizionario-suo-mio-di-è?
3. e-di-Marta-sono-chi-figli-Flavio-vostri-sono?
4. Francesca-di-tua-amica-è-chi-è sua?
5. ma-di-suoi-chi-sono-di-i-suoceri-sono-Martini-non-Sandra?
6. tuoi-chi-numeri-di-sono-di-sono-telefono-questi?

"Io e le persone attorno a me!" Modulo 2

XVII Lavoro di coppia. Fai conversazioni con il tuo compagno/la tua compagna come nell'attività "xiv". Usa le seguenti parole. 2人练习。仿照第14题，用这些词跟同桌进行对话。

| dizionario | penne | libri | zaino | matite | CD |

1 2 3 4

XVIII Osserva le immagini e abbinale alle seguenti frasi. 观察图片，连接图片与下列句子。

a. Roberto è figlio unico: non ha fratelli o sorelle! □
b. Siamo una bella famiglia tradizionale: genitori e tre figli. □
c. Ho una famiglia grande: siamo in nove! □
d. Paolo è solo con sua madre e i suoi nonni materni. □

N.B. 注意

Per indicare il rapporto di compagnia tra due o più persone usiamo la preposizione "con" seguita da nome o pronome. 为了表示两个人或更多人的伴随关系，用前置词con加名词或代词。

Esempio: *"Paolo è solo con sua madre e i suoi nonni materni."*

XIX Trasforma le frasi e aggiungi la preposizione semplice *con*. 变句子，加上简单前置词con。

1. Io e il mio collega siamo in classe. _____
2. Questo è il mio ragazzo e questi sono i suoi genitori. _____
3. I Martini e i loro cognati stanno in vacanza? _____
4. Tu e Margaret parlate in italiano. _____
5. Piero e suo fratello sono a Milano. _____
6. Mina e il professor Giusti hanno una lontana parentela. _____

XX Lavoro di gruppo. In gruppi di 3/4: descrivete ai vostri compagni le vostre foto di famiglia. 小组练习。3人或4人一组：向同学描述你们的家庭照。

XXI Lavoro di gruppo. In gruppi di 3/4 : scambiatevi informazioni su di voi e sugli altri. Quali delle frasi nell'attività "xviii" si adattano a voi o alle persone che conoscete? 小组练习：3人或4人一组，谈谈你们自己和其他人。练习18中，哪些句子适用于你们或者你们认识的人？

XXII Leggi il dialogo, metti in ordine le battute, ascolta e controlla. Le prime due sono già fatte. 读对话排序，听录音，检查。已经标出前两句。

1. Anche tu sei di Roma? [I]
2. Ah, davvero! Allora sei figlia unica! [ ]
3. Io abito con la mia famiglia. [ ]
4. Siamo in sette, me incluso, naturalmente! [ ]
5. Ho due sorelle e due fratelli. E tu, invece, quanti siete in famiglia? [ ]
6. Sì, in Italia è un po' la cultura: non è come in altri paesi! Molti giovani stanno in famiglia e non abitano da soli. [ ]

a. Siamo in tre: io e i mei genitori. [ ]
b. Sì, la mia famiglia abita a Milano. E tu? [ ]
c. Quanti siete in famiglia? [ ]
d. Oh! Una bella famiglia numerosa! Hai sorelle o fratelli? [ ]
e. No, sono di Milano, però abito qui a Roma . [II]
f. Sì, purtroppo! Non ho né fratelli né sorelle. A proposito, quanti anni hanno i tuoi fratelli? [ ]

41

7. Marco e Gianni hanno 20 e 22 anni, mentre le mie sorelle ne hanno 27 e 30. [ ]
8. Per me questa è una scelta di comodo! [ ]
9. Abiti da sola, vero? [ ]

g. Le tue sorelle abitano ancora in famiglia, vero? Non abitano da sole? [ ]
h. Che strano! [ ]
i. Forse! [ ]

Grammatica: aggettivi e pronomi interrogativi ed esclamativi　语法：疑问、感叹形容词和代词

1. Singolare: quanto+sost. maschile/quanta+sost. femminile. 单数：quanto+阳性名词/quanta+阴性名词
   - "*Da quanto tempo sei in Italia?*"　"*Ma quanta pizza hai!*"

   Plurale: quanti+sost. maschile/quante+sost. femminile. 复数：quanti+阳性名词/quante+阴性名词
   - "*Quanti compagni hai?*"　"*Quante sorelle ha Paolo?*"

2. quanto/quanta/quanti/quante+ verbo / pronome quanto/quanta/quanti/quante+动词 / 代词
   - "*Quante sono le lettere dell'alfabeto?*"　"*Quanti di voi abitano da soli?*"

Ricorda che　记住
- gli aggettivi e i pronomi sopra indicano quantità.
  上面的形容词和代词指代数量。

XXIII Rileggi il dialogo, sottolinea le frasi con quanti e completa la tabella.　再读对话，划出带有quanti的句子，填表。

1. in funzione di aggettivo: 起形容词作用 ....
2. in funzione di pronome: 起代词作用 ....

XXIV Inserisci negli spazi il pronome o l'aggettivo appropriato.　用适当的代词或形容词填空。

1. _____ CD di musica classica hai?
2. _____ lezioni d'italiano avete?
3. _____ studenti stranieri nel corso di cinese!
4. _____ siete in classe?
5. _____ studio oggi! Che noia!
6. _____ nella tua classe hanno 18 anni?
7. _____ gente alla festa di Paola!
8. _____ lingue parli? E _____ amici stranieri hai?

Grammatica: le congiunzioni negative "né"..."né" e la disgiuntiva "o"
语法：否定连词 "né" ... "né" 和转折连词 "o"

Osserva le frasi tratte dal dialogo sopra e rispondi alle domande. 观察从上面对话选出的句子，回答问题。

"*Hai sorelle o fratelli?*"　"*Sì, purtroppo! Non ho né fratelli né sorelle.*"

- Che valore ha la congiunzione "o": di alternativa o di inclusione?..............
  连词o起什么作用？是表代替还是包含？
- Che cosa seguono le due correlative?..
  在两个关联词前有什么？
- Che posizione ha la negazione "non": prima o dopo il verbo? ....
  否定词non在什么位置：动词前还是动词后？

XXV Rispondi alle domande con una negazione assoluta.　使用绝对否定形式回答问题。

Esempio: Parli il russo o il tedesco? - *Non parlo né il russo né il tedesco!*

1. Hai parenti o amici in Italia? _____!
2. Scusa, ti chiami Alba o Alma? _____!
3. Avete il telefono o il fax? _____!
4. Il tuo sport preferito è il tennis o il rugby? _____!
5. I tuoi genitori sono di Siena o di Firenze? _____!

6. Enrico abita con Carlo o con Giorgio? _____!

XXVI Fate domande al vostro compagno/alla vostra compagna con le parole sotto e rispondete in maniera personale. 使用下列单词向同学提问，根据个人情况回答问题。

1. abitare/solo-a/con famiglia. _____?
2. essere/Pechino/Shanghai _____?
3. avere/macchina/bicicletta. _____?
4. parlare/inglese/francese. _____?
5. essere/musica preferita/classica/pop. _____?
6. essere/figlio-a unico-a/avere fratelli. _____?

XXVII Cosa diciamo per...? Rileggi il dialogo e completa. 为了……我们说什么？再读对话，填空。

a. chiedere e dire quante persone sono in una famiglia
  1. Quanti siete in famiglia?
  2. ....

b. commentare
  1. Oh! Una bella famiglia numerosa!
  2. ....

c. chiedere dei componenti
  1. Hai sorelle o fratelli?...........................

d. chiedere dell'età
  1. ....

e. parlare dei componenti
  1. ....
  ....

f. informarsi della sistemazione di qualcuno
  1. ....
  2. ....

g. rispondere
  1. ....
  2. Sì, la mia famiglia abita a Milano................
  3. ....

XXVIII Lavoro di coppia. 1. A turno, intervistate il vostro compagno/la vostra compagna e chiedete della sua famiglia: i nomi dei familiari, l'età, dove abitano e con chi. Rendete l'intervista realistica e commentate. 2. Disegnate il suo albero genealogico e confrontatevi. 2人练习。1. 同桌之间互相采访，询问家庭情况：家庭成员的名字、年龄、他们住在哪里以及跟谁住在一起。采访要符合实际情况，并加上评论。2. 画出同桌的家谱和自己的家谱，进行对照。

XXIX Fai una breve presentazione orale di te. Segui la traccia. 根据要点，口头做一个自我介绍。

- nome e cognome
- nazionalità, paese di origine e attuale residenza
- famiglia (numero dei componenti, nomi, età)

XXX Lavoro di gruppo. In gruppi di 4/5, discutete. 小组练习：4人或5人一组，讨论。

- se nel vostro Paese le famiglie sono piccole o grandi
- quanti figli ha una famiglia media
- i figli maggiorenni abitano in famiglia o da soli
- i nonni stanno da soli

XXXI Rispondi ad uno di questi annunci con un'e-mail. 用一封电子邮件回复其中一则启事。

Ciao! Sono Jerry, una ragazza inglese di 22 anni. Abito a Roma. Chi ha i miei stessi interessi: lo shopping, il cinema e la discoteca? Chi ha la mia stessa età? Ragazzi e ragazze, sono qui per fare amicizia! Questo è il mio indirizzo e-mail: jenny2008@yahoo.uk

Mi chiamo Paolo, ho 20 anni e sono di Modena. Cerco amici stranieri per scambio culturale. Le mie passioni sono lo sport, il jazz e Internet. Contattatemi al seguente indirizzo e-mail: bubu20@virgilio.it

Unità 2

"Sei sposato?"
"你结婚了吗？"

I   Lo stato anagrafico: "italiano standard" vs "italiano burocratico". Abbina le parole a sinistra ai loro sinonimi a destra. 户籍身份状况："标准意大利语"对应"官方意大利语"。将左栏的单词与右栏的同义词连线。

1. lavoro/occupazione □   a. Coniugato/a
2. indirizzo e città □   b. Celibe (m)
3. non sposata □   c. Nubile (f.)
4. nazionalità □   d. Cittadinanza
5. non sposato □   e. Residenza
6. sposato/a □   f. Professione

II   Abbina i nomi sotto alle immagini. 将下列的名词与图片连线。

1   2   3   4

occhi azzurri □   occhi castani □   occhi verdi □   occhi neri □

III   Di che colore sono questi capelli? 他们的头发是什么颜色？

1   2   3   4   5

neri □   biondi □   bianchi □   castani □   grigi □

IV   Ascolta le conversazioni, segna con una X le affermazioni giuste e correggi quelle sbagliate. 听会话，在正确的判断后标上"X"，改正错误的判断。

Conversazione 1	Vero	Falso
a. Franz è di Amburgo.	□	□
b. Franz è sposato e ha un figlio.	□	□
c. Rosa è sposata.	□	□
d. Rosa ha 30 anni.	□	□
e. Franz studia italiano perché è una bella lingua.	□	□

Conversazione 2	Vero	Falso
a. Michele è un parente di Marina.	□	□

b. Michele ha 30 anni. ☐ ☐
c. Paola non è sposata. ☐ ☐
d. Michele è scapolo. ☐ ☐
e. Michele è un uomo simpatico. ☐ ☐

V Ascolta la seguente conversazione e rispondi alle domande. 听会话，回答问题。

Conversazione 3
a. Qual è il cognome di Carmen?
b. È sposata?
c. Di che nazionalità è?
d. Abita a Firenze?
e. Ha un lavoro?
f. "*Scusi, come si scrive*?" - Chi dice questa frase: Carmen o l'impiegato?

VI Ascolta di nuovo la conversazione e riempi il modulo. 再听一遍会话，填表。

COGNOME	....
NOME	Carmen
NATO/A	il 13/01/1979 a Toledo
CITTADINANZA	....
RESIDENZA	....
STATO CIVILE	....
PROFESSIONE	....
STATURA	....
CAPELLI	....
OCCHI	castani.

N.B. 注意
Si usa l'espressione "Scusi, come si scrive?" per chiedere di compitare un nome o una parola che non si capisce.
当不清楚一个名字或单词的拼写时，用这个表达方式来问："Scusi, come si scrive?"。

VII Lavoro di coppia. Fate dialoghi come nell'esempio sotto e poi cambiate le parti. 2人练习。仿照例句做对话，然后变换角色。

1. usate i seguenti nomi 用下列名字：　　Jane Matt　　　　Cecilia Miccichè
　　　　　　　　　　　　　　　　　　　　Joshua Roccazzella　Anne Wood
2. usate i vostri veri nomi e cognomi 使用你们真实的姓名：
Esempio: ◊ *Allora...qual è il Suo nome, cioè il Suo nome e il Suo cognome?*
　　　　　● *Carmen Arras.*
　　　　　◊ *Scusi, può ripetere per favore?*
　　　　　● *Arras.*
　　　　　◊ *Scusi, come si scrive?*
　　　　　● *a-doppia erre-a-esse*
　　　　　◊ *Perfetto! Grazie.*

```
Cognome:..................................
Nome:......................................
Data di Nascita:........................
Residenza:................................
Professione:..............................
Stato civile:...............................

CONNOTATI E CONTRASSEGNI SALIENTI

Statura:....................................
Capelli:....................................
Occhi:......................................
Segni Particolari:.....................
................................................
................................................
................................................
```

FIRMA:..................................
SIMCITY ....,li, 01/09/2007

Impronta del dito indice sinistro

IL SINDACO
EISSC PRESIDENT
EISSC IT-ADMIN

VIII Lavoro di coppia. Sei all'ufficio anagrafe per richiedere la carta d'identità: tu e il tuo compagno/la tua compagna simulate la situazione. Usate il "*Lei*" e non il "*tu*".
2人练习。你在户籍身份登记办公室，想要办一张身份证：你和同学模拟这个情景。称对方"您"，而不是"你"。

Unità 3

"CHE TIPO È? COM'È?"
"他（她）是什么样的人？"

I Osserva le foto e segna con una X le descrizioni fisiche e correggi quelle sbagliate. 观察照片，在正确的描述后标上 "X"，改正错误的描述。

1. Anna   2. Paola   3. Mario   4. Rosa

a. Paola ha i capelli lunghi, rossi e ricci. _____
b. I capelli di Anna sono corti, neri e lisci. _____
c. Rosa ha i capelli biondi, ondulati e di media lunghezza. _____
d. I capelli di Mario sono brizzolati e corti, a spazzola. _____

II Guarda i disegni e abbinali ai seguenti opposti. 观察图画，与下列反义词连线。

minuto/robusto ☐   basso/alto ☐   grasso/magro ☐   anziano-vecchio/giovane ☐

1   2   3   4

III Leggi le seguenti descrizioni fisiche. Conosci qualcuno con queste caratteristiche? 读下列身体特征的描述。你认识具有这些特征的人吗？

1. Anna è bassa, di corporatura minuta e ha i capelli neri, lunghi e lisci.
2. Enrico è di statura media, magro, con gli occhi verdi e la carnagione olivastra.
3. Il signor Rossini è un vecchio professore di 75 anni: è alto e robusto e ha i capelli bianchi e la carnagione scura.
4. Sara e Maria sono due sorelle anziane: sono alte e magre e hanno i capelli grigi.
5. Zia Tina è grassa, bionda, con la pelle molto chiara e le lentiggini, e con i capelli ricci.
6. Paul è un giovane architetto inglese: è minuto, di statura bassa e ha occhi chiari e capelli corti, a spazzola.

 N.B. 注意

Usiamo la preposizione "con" seguita dal nome per indicare l'unione di una cosa ad un'altra cosa o persona. 我们使用前置词 "con" 加名词，表示一个东西和另一个东西或人的组合。

Esempio: "...*con la pelle molto chiara*"

IV Cambia le descrizioni e usa gli opposti degli aggettivi. 使用形容词的反义词，改写描述。

Esempio: 1. *Anna è alta* ....

V Completa le descrizioni con queste parole. 用这些词，完成下面的描写。

| robusto | riccio | basso | minuto | grigio | magro | chiaro |
| alto | anziano | castano | grasso | liscio | medio (2) | scuro (2) |

47

1. Il mio collega Carlo è b ____, di corporatura r ____, ha capelli neri e r ____. Ha i baffi e porta gli occhiali!
2. Carmela è _____ 1m e 70 cm. È un po' g _____ ma ha grandi occhi s _____ e il naso alla francese.
3. Mia suocera è un'_____ signora di 75 anni. È alta e ha i capelli corti e _____. Però ha un difetto: ha il naso un po' aquilino!
4. Irene è una ragazza di 20 anni. È mi _____ e ha capelli _____, c _____, di m _____ lunghezza e occhi s _____. Purtroppo ha un difetto: ha il naso un po' grosso!
5. Lo zio di Marta è di altezza _____ ed è _____. Ha occhi azzurri e carnagione c _____. Porta la barba e i baffi. Putroppo non ha molti capelli: è un po'calvo!

⚠️ **N.B. 注意**

Usiamo ''un po'+ aggettivo'' per attenuare il significato dell'aggettivo stesso.
我们用"un po'+形容词"来弱化形容词本身的意思。

> "È un po' grasso...."   "...ha il naso un po' aquilino!"

VI Abbina le caratteristiche fisiche sopra sottolineate ai disegni. 将上面划线部分的外貌特征与图片连线。

A............. B............. C............. D............. E............. F............. G.............

💬 aggettivi e sostantivi in -ca, -ga, -co, -go, -io, -ia.   词尾是-ca, -ga, -co, -go, -io, -ia的形容词和名词

	singolare 单数	*plurale* 复数
-ca > che -ga > ghe	bianca amica	bianche amiche
-co > ci -co > chi	simpatico secco stanco	simpatici secchi stanchi
-go > ghi	lungo	lunghi
-io-a > i,ie -ioa > ii,ie	grigio-grigia restìo-restìa farmacìa	grigi-grigie restìi-restìe farmacìe

 Grammatica: il plurale degli aggettivi e dei sostantivi 语法：形容词和名词的复数形式

> **Per fare il plurale degli aggettivi valgono le stesse regole dei sostantivi (cfr. pag. 2). Esistono, tuttavia, delle particolarità.** 形容词的复数形式规则与名词的一样（见第二页）。但是也有一些特殊情况。
> - gli aggettivi e i sostantivi in *-co* hanno il plurale in *-chi* se sono piani (accento sulla penultima sillaba), e in *-ci* se sono sdruccioli (accento sulla terzultima sillaba).
>   如果重音在倒数第二个音节上，以-co结尾的名词和形容词变成-chi；如果重音在倒数第三个音节上，变成-ci。
> - gli aggettivi e i sostantivi in-go hanno sempre il plurale in *-ghi*
>   以-go结尾的形容词和名词，其复数形式总是以-ghi结尾。
> - gli aggettivi e i sostantivi in *-ca* e *ga* hanno sempre il plurale in *-che* e *ghe*
>   以-ca和ga结尾的形容词和名词，其复数形式总是以-che和ghe结尾。
> - gli aggettivi e i sostantivi in *-io* al plurale raddoppiano la "i" solo se hanno la "i" tonica.
>   以-io结尾的形容词和名词，只有当重音在i上时，才双写i。
> - Sono "invariabili", cioè rimangono immutati nel genere e nel numero, gli aggettivi:
>   以下形容词单复数同形："*blu*", "*rosa*", "*viola*", "*fucsia*", *ecc.*
>   Fanno eccezione 特例：*amico-amici, nemico-nemici, greco-greci, carico-carichi, ecc.*

VII. Fai il plurale delle seguenti espressioni. 将下列表达方式变成复数形式。

Esempio: una lunga vacanza - "*le lunghe vacanze*"

1. un giovane cuoco greco _____
2. uno zaino pratico _____
3. un'opera classica _____
4. un inverno grigio _____
5. una macchina blu _____
6. un vecchio medico _____
7. un viale largo _____
8. una carnagione bianca _____
9. uno studente stanco _____
10. un'amica simpatica _____

VIII. Leggi le frasi e completa. 读句子，填空。

1. L'aula d'italiano ha i banc____ vecc____.
2. Questi jeans sono un po' lung____.
3. I miei amic____ italiani sono molto simpatic____.
4. Queste bibite sono fresc____.
5. Le rose ros____ sono le mie preferite.
6. Dove sono i miei farmac____?
7. Di chi sono questi pacc____?
8. I libri antic____ sono la passione di mio padre.

IX. Metti in ordine le parole e fai le descrizioni fisiche. 将下面的单词排序，进行外貌描写。

Esempio: capelli a spazzola-basso-corporatura-barba-Vittorio-occhi-minuto-azzurri

"*Vittorio è un po' basso e di corporatura minuta, ha i capelli a spazzola e gli occhi azzurri. Porta la barba.*"

1. alto-carnagione-castano-Sonia-capelli-occhi-magro-scuro-lungo-chiaro
_____
2. aquilino-basso-capelli-un po'-Filippo-corporatura-baffi-medio-bianco-naso
_____
3. Olga-castano-occhiali-occhi-medio-riccio-minuto-capelli-verde-statura
_____
4. Sonia e Maria-sorella-un po'-rosso-liscio-statura-capelli-corto-grasso-lungo-ondulato-minuto-biondo-basso
_____

X. Osserva le persone nelle foto sotto e descrivile. 观察并描述下面照片中的人物。

XI. Chi è? Pensa ad un personaggio pubblico (sportivo, attore/attrice, cantante, politico, ecc...) e descrivilo alla classe: di' la sua professione, l'età, la nazionalità e le sue caratteristiche fisiche ma non il nome. I tuoi compagni cercano di scoprire chi è. 这是谁呢？想一个知名的公众人物（运动员、演员、歌手、政治家等），向班上同学描述他（她）的职业、年龄、国籍和外貌特征，但不要说出名字。其他同学要尽量猜出这个人是谁。

XII. Come sei? Prova ora a descrivere te stesso/a. 你是怎么样的呢？现在试着描述你自己。

XIII. Leggi la conversazione, completa gli spazi, ascolta e controlla. 读对话，填空，听录音，检查。

| verde | medio | lungo | alto | robusto | chiaro | magro |

◊ Pronto?
● Chi parla?
◊ Sono Anna.

● Ah, sei tu, Anna! Ciao, come stai?
◊ Bene, grazie e tu?
● Molto bene! Sono a Venezia con Paolo e Silvia, i miei amici di Roma.
◊ Beati voi! Siete a Venezia, la città dell'amore!
● A proposito di amore… finalmente hai un fidanzato, non è vero?
◊ Beh… diciamo che ho un ragazzo.
● Bene, bene… e com'è questo ragazzo o fidanzato? Che tipo è? È _____? È _____?
◊ No, non è molto _____: è di _____ statura ed e' un po' _____. Ha gli occhi _____. e i capelli _____, un po' _____. È proprio il mio tipo!
● E brava Anna.....
◊ Felice, scusa, ma brava di che? Ma che telefonata è questa? Per caso, sei geloso?
● Io, geloso?! Dai! Vabbè! Ciao, ciao!
◊ Sei proprio matto!

XIV Rileggi il dialogo: che cosa dice Felice ad Anna per sapere del suo ragazzo? Completa gli spazi. 再读一遍对话：为了解Anna男朋友的情况，Felice是怎么问的？填空。

a. _____?   b. _____?

XV Lavoro di coppia. A turno, chiedete e rispondete a queste domande. 2人练习。互相提问并回答。

- Com'è tuo padre/tua madre?
- Com'è il tuo ragazzo/la tua ragazza?
- Che tipi sono i tuoi amici?
- Tu e tuo fratello/tua sorella siete simili?

XVI Lavoro di gruppo: Indovina chi è! In gruppi di 4: a turno, pensate a un compagno/una compagna della classe e gli altri provano ad indovinare chi è. Le domande sono del tipo "sì/no". 小组练习：猜猜他（她）是谁！4人一组：一个人默想一位班上的同学，其他人通过提问来猜这个人是谁。提问应为一般疑问句，以si/no来回答。

Esempio: *È una donna?/È un uomo?/È alta?/È alto?...ecc.*

XVII Il carattere: "che tipo è?". Ascolta la conversazione e identifica l'aggettivo giusto nei seguenti opposti. 性格："他（她）是什么样的人？"听会话，在下列反义词中选出正确的形容词。

rigido/flessibile	serio/superficiale	bello/brutto	simpatico/antipatico
timido/sicuro di sè	estroverso/introverso	divertente/noioso	paziente/nervoso
tranquillo/teso	allegro/triste	intelligente/stupido	carino/insignificante

XVIII Ascolta di nuovo la conversazione e completa la tabella. 再听一遍会话，填表。

Silvia	Paolo	Silvia e Paolo
rigida	serio	carini
poco flessibile		divertenti
....	....	....
....	un po` timido	....
....	....	....

XIX Riascolta la conversazione e completa il giudizio di Felice sui suoi compagni di viaggio. Inserisci negli spazi le congiunzioni. 再听对话，在Felice对旅伴的评价中，填上连词。

anche   invece

"Silvia, ad esempio, non è rigida, come tu dici, ma è estroversa, paziente ed è _____ una bella donna, il che non guasta! Paolo, invece, è un tipo tranquillo, simpatico, forse un po' timido."

XX Ascolta di nuovo e completa con gli aggettivi dati. 再听对话，用所给形容词完成句子。

1. Secondo Anna, Silvia è un tipo _____; Paolo, invece, è un po' _____. (*rigido, noioso*)
2. Silvia ha un carattere _____. È _____ ed è anche _____. (*estroverso, paziente, bello*)
3. Silvia e Paolo non sono due persone _____ ma _____. (*triste, divertente*)
4. Paolo non è un tipo _____; è, invece, _____. (*serio, simpatico*)
5. La vacanza di Felice a Venezia è _____ e _____. (*bello, divertente*)
6. Anna è un tipo _____ e Felice, invece, è un ragazzo _____. (*geloso, spiritoso*)

👁 Grammatica: le congiunzioni "invece", "anche" 语法：连词invece, anche

> Rileggi le frasi nei due esercizi predeenti e sottolinea le congiunzioni "invece" e "anche". 再读前两个练习中的句子，划出连词invece和anche。
> - Quale congiunzione ha valore aggiuntivo? _____   E quale ha valore avversativo? _____
>   哪个连词有补充的含义？   哪个连词有转折的含义？

● Ricorda che 记住
- "pure", "inoltre" sono congiunzioni aggiuntive. "pure"，"inoltre"是补充连词
- "ma", "però" sono congiunzioni avversative. "ma"，"però"是转折连词。

XXI Inserisci negli spazi *invece* o *anche*. 用invece或anche填空。

1. Paolo è un insegnante d'italiano; Hong, _____, è un'insegnante di cinese.
2. Anna ha i miei stessi interessi ed è _____ carina: è una cara amica!
3. L'avvocato Serio è un uomo alto e biondo; _____ sua moglie è bassa e bruna!
4. Il ragazzo di Stefania è intelligente, simpatico e _____ bello. Beata lei!
5. Io e Sandro siamo cugini, abbiamo la stessa età e _____ lo stesso nome!
6. Mio fratello abita a Milano; io, _____, abito a Roma

XXII Completa le seguenti frasi e usa la congiunzione suggerita. 用所给连词完成句子。

1. Il padre del mio collega è un tipo allegro; invece..
2. Le nostre lezioni d'italiano sono belle, interessanti e anche ....
3. L'Italia è un Paese con un'antica cultura; anche..
4. Io sono un'appassionata di cinema; invece ....
5. Mia nonna materna ha 70 anni ed è giovanile; invece..
6. Non è proprio il mio tipo! È di corporatura robusta, basso e anche..

XXIII Segna con una X la casella che ritieni più adatta a descrivere il tuo carattere. Usa "molto", "abbastanza", "un po'" davanti agli aggettivi nel descrivere te stesso: 选出你认为最适合描写自己性格的单词，在小方格上打上"X"。在形容词前使用"molto，abbastanza，un po'"。

| Aggettivo | molto | abbastanza | un po' | questo/po' quello | abbastanza | molto | Aggettivo |

QUESTIONARIO SULLA PERSONALITÀ 关于个性的调查表

chiuso	☐	☐	☐	☐	☐	aperto
idealista	☐	☐	☐	☐	☐	realista
ottimista	☐	☐	☐	☐	☐	pessimista
calmo	☐	☐	☐	☐	☐	ansioso
dinamico	☐	☐	☐	☐	☐	pigro
metodico	☐	☐	☐	☐	☐	incostante
ordinato	☐	☐	☐	☐	☐	disordinato
riflessivo	☐	☐	☐	☐	☐	impulsivo
attento	☐	☐	☐	☐	☐	distratto
responsabile	☐	☐	☐	☐	☐	irresponsabile
generoso egoista	☐	☐	☐	☐	☐	avaro altruista

Grammatica: ancora sugli aggettivi! 语法：还是关于形容词

Esistono tre classi di aggettivi che si distinguono per le terminazioni e si declinano esattamente come i sostantivi. Osserva la tabella. 根据词尾不同有三类形容词，其性数变化与名词一样。看表格。

		Singolare 单数	Plurale 复数
Ia classe: 4 uscite 第一类：4种词尾	maschile 阳性 femminile 阴性	-o: allegro -a: allegra	-i: allegri -e: allegre
IIa classe: 2 uscite 第二类：2种词尾	maschile 阳性 femminile 阴性	}-e: felice	}-i: felici
IIIa classe: 3 uscite 第三类：3种词尾	maschile 阳性 femminile 阴性	}ista:egoista	}-i: egoisti }-e: egoiste

XXIV Trasforma al femminile le seguenti frasi e tutti gli altri elementi (nomi propri, articoli, nomi, aggettivi). 将下面句子和所有其他成分变成阴性形式（名字、冠词、名词、形容词）。

1. Mio cugino è un ragazzo intelligente ma egoista.
2. Il fidanzato di Angela è timido, un po' metodico, ma molto generoso.
3. Piero e Giovanni sono amici simpatici, divertenti e anche altruisti.
4. Il fratello di Paolo è un ragazzo allegro e ottimista.
5. Il dottor Perzi è un medico attento e molto paziente.
6. I miei colleghi d'ufficio sono ordinati e abbastanza responsabili.

XXV Fai plurali i nomi e gli altri elementi in queste frasi. 将这些句子的名词和其他成分变成复数。

1. La mia amica inglese è una ragazza simpatica ma un po' ansiosa.
2. Mio cugino di Firenze è un tipo ottimista ed entusiasta della vita.
3. Mia nipote è riflessiva e molto realista.
4. Il figlio della signora Martini è una persona generosa e altruista.
5. La figlia del mio collega d'ufficio è una ragazza intelligente ma un po' distratta.
6. Il nostro amico di Roma è un tipo allegro ma incostante con noi.

XXVI Leggi gli annunci sul sito dell'agenzia matrimoniale "Cerco l'anima gemella" e riempi gli spazi con gli aggettivi dati. 读网上婚介公司的启事"寻找知心人"，用下面的形容词填空。

a. *superficiale   responsabile   serio   entusiasta   sincero*

Marco, 30 anni, ragioniere

Sono Marco, un ragazzo 30enne, separato e senza figli, alto 1.65, residente a Salerno. Sono 1. _____ della vita ma serio e 2. r _____. Cerco una ragazza 3. _____ e non 4. _____, max 30 enne, nubile, anche straniera, per una relazione 5. _____.

b. *gentile   paziente   celibe   sano   moderno*

Alberto, 38 anni, avvocato

Sono 1. _____ con un buon lavoro. Sono intelligente, 2. p _____ e con le idee chiare. I miei interessi sono i viaggi e la lettura. Sono appassionato d'arte. Cerco una donna italiana dai 28 ai 43 anni, 3. m _____ e 4. _____, di 5. _____ principi.

c. *bello   divertente   allegro   dinamico   riflessivo*

Alessandra, 37 anni, medico

La monotonia non è per me. Sono una donna 1. d _____ e 2. _____, ma anche abbastanza 3. r _____. Cerco un uomo 4. d _____ e tranquillo, anche non 5. _____.

d. *aperto   dolce   altruista   sensibile   generoso*

Paola, 41 anni, insegnante

Sono una donna sincera e 1. s _____ con un carattere aperto. Sono anche una donna 2. d _____ e 3. _____. Sono carina il giusto: la mia è una bellezza acqua e sapone. Il mio uomo ideale è un tipo 4. a _____ e 5. _____.

Grammatica: i prefissi dis-, ir-, in-, im-, il-, s-, per formare gli opposti degli aggettivi
语法：构成形容词反义词的前缀dis-, ir-, in-, im-, il-, s-.

> Per formare un aggettivo di significato contrario mettiamo il prefisso negativo prima dell'aggettivo stesso. Osserva: 为了构成形容词的反义词，我们在形容词前面加上前缀。观察：
> *ordinato/ disordinato - responsabile / irresponsabile*.
> Ecco altri prefissi negativi: 这些是其他的否定前缀： in-, im-, il-, s-

XXVII Forma gli opposti dei seguenti aggettivi. Poi controlla nel dizionario o chiedi all'insegnante. 给出下列形容词的反义词。然后查字典或问老师。

1. paziente: _____   2. sensibile: _____
3. razionale: _____   4. contento: _____
5. logico: _____   6. soddisfatto: _____

XXVIII Usa gli aggettivi nelle attività sopra per descrivere parenti, amici o conoscenti. 用上面练习中的形容词描写亲戚、朋友或熟人。

NOME	PREGI	DIFETTI
Michele	sensibile,..............	disordinato,..............
....	....	....
....	....	....

XXIX Lavoro di coppia. A turno, descrivete il vostro carattere e parlate di voi al vostro compagno/alla vostra compagna. Dite dei vostri. 2人练习。跟同学描述你们的性格，围绕下面几个方面谈谈你们自己。

- pregi
- difetti
- interessi

XXX Lavoro di gruppo. In gruppi di 3/4: fate queste domande e rispondete. 小组练习。3人或4人一组，提问并回答。

- Come sono i tuoi genitori/i tuoi fratelli/le tue sorelle?
- Che carattere ha il tuo ragazzo/la tua ragazza?
- Com'è il tuo uomo/la tua donna ideale?
- Che tipo è...?/Com'è il tuo amico...?/ la tua amica...?
  Di che carattere è...?

 XXXI Immagina di volere trovare il tuo uomo/la tua donna ideale: scrivi un annuncio sul sito dell'agenzia matrimoniale "*Cerco l'anima gemella*". 想象你要找到你理想的男人或女人：在婚介公司的网站上写一则启事"寻找知心人"。

Unità 4

"CHE LAVORO FA?"
"他（她）做什么工作？"

I Abbina i mestieri e le professioni alle foto. 将手艺和职业与照片连线。

 1. Piero
 2. Angela
 3. Sabrina
 4. Vincenzo
 5. Giusy

 6. Michele
 7. Fabio
 8. Patrizia
 9. Alessio
 10. Cesare

a. veterinario ☐   b. farmacista ☐   c. interprete ☐   d. barista ☐   e. segretario ☐
f. meccanico ☐   g. parrucchiera ☐   h. poliziotto ☐   i. infermiere ☐   j. commessa ☐

II Dove lavora? Associa i posti di lavoro ai mestieri e alle professioni. 他（她）在哪里工作？将工作地点与手艺和职业连接起来。

in ospedale ☐   in un negozio ☐   in un'autofficina ☐   in un bar ☐   in una parrucchieria ☐
in una farmacia ☐   in una ditta ☐   in questura ☐   in un ambulatorio ☐   in una società ☐

III Trova gli opposti dei seguenti aggettivi. È possibile più di un abbinamento. 找到下列形容词的反义词。可能有一种以上的搭配。

1. ben pagato
2. sicuro
3. creativo
4. appassionante
5. leggero
6. interessante

a. noioso
b. monotono
c. pericoloso
d. mal pagato
e. faticoso
f. stressante

 IV Ascolta le interviste e completa gli spazi con le espressioni usate per. 听采访录音，填空。

1. chiedere la professione: 询问职业 "Che lavoro fa?" _____
2. dire la professione: 说出职业 "Sono poliziotto." _____

V Completa la coniugazione del verbo irregolare "fare". 完成不规则动词fare的变位。

 Tempo Presente 现在时

io	_____	noi	facciamo
tu	fai	voi	fate
lui, lei, Lei	_____	loro	fanno

⚠️ **N.B. 注意**

Usiamo i verbi "fare" ed "essere" per parlare di mestieri e professioni. 我们用动词"fare"和"essere"谈论手艺和职业。

"essere" +nome del lavoro/della professione "essere"+表示工作或职业的名词
"fare" +articolo +nome del lavoro/della professione "fare"+冠词+表示工作或职业的名词

VI Lavoro di coppia. A turno, parlate del lavoro delle persone nelle foto sopra ed esprimete giudizi. 2人练习：互相谈论上面照片中人物的工作，表达看法。

Esempio: ◊ *Piero è meccanico/fa il meccanico in un'autofficina.*
● *È un lavoro faticoso ma ben pagato.*

VII Ascolta di nuovo le interviste e completa la tabella. 再听一遍采访，填表。

	sig.ra Nardi	sig. Ruffini	sig.na Martinez
Tipo di lavoro			
Gli piace? Sì/No			
Le piace? Sì/No			
Aspetti positivi			
Aspetti negativi			fa i turni di notte

VIII Riascolta le interviste e completa le affermazioni sotto. 再听一遍采访，填空。

1. "Sì, mi piace _____ è utile agli altri _____ è un lavoro faticoso."
2. "_____ è un po' stressante, mi piace molto _____ è interessante e ben pagato!"

👁 Grammatica: le congiunzioni "perché", "anche se" 语法：连词"perché"，"anche se"

> **Osserva le frasi sopra e completa la regola sotto.** 观察上面的句子，完成下面的规则。
>
> motivazione   causa   unire   concessione
>
> Usiamo le congiunzioni subordinate per _____ due frasi. Per esprimere la _____ o dare una _____ di un'affermazione o di un fatto, usiamo "perché"; con "anche se", invece, esprimiamo una _____.

IX Collega le frasi e scegli tra *perché* e *anche se*. 选择perché或anche se，连接句子。

1. Sono felice/ho una bella famiglia numerosa. _____
2. Mi piace fare l'insegnante/non è un lavoro ben pagato. _____
3. Teresa non è soddisfatta della sua vita/non ha molti amici. _____
4. Mi piace molto Del Piero/sono una tifosa di Totti. _____
5. Non gli piace fare architetto/è un lavoro interessante. _____
6. Abito a Milano/è una città moderna e interessante. _____

X Lavoro di coppia. Utilizzate le informazioni della tabella nell'attività "vii" e, a turno, fate domande sui tre concorrenti in questo modo. 2人练习。用练习7表格中的信息，互相问关于三个竞职者的问题。

Esempio: ◊ *Che lavoro fa........ /Che cos'è........?*
● *Fa..... /È......*
◊ *Gli/Le piace il suo lavoro?*
● *Sì, gli/le piace perché è................anche se ....*
◊ *No, non gli/le piace perché è................anche se ....*

"Io e le persone attorno a me!" Modulo 2

Pronomi Tonici 重读代词	Pronomi Atoni Indiretti 间接宾语非重读代词	Tempo Presente "piacere" 现在时
me	mi (=a me)	io piaccio
te	ti (=a te)	tu piaci
lui-lei-Lei	gli (=a lui) le (=a lei), Le(=a Lei)	lui/lei, Lei piace
noi	ci (=a noi)	noi piacciamo
voi	vi (=a voi)	voi piacete
loro	gli (=a loro)	loro piacciono

Grammatica: il costrutto di "piacere" e i pronomi "atoni" e "tonici" indiretti
语法："piacere" 句型的结构和间接宾语 "重读" 和 "非重读" 代词

> **Osserva le frasi sotto e rispondi alle seguenti domande.** 观察下面句子，回答问题。
> "Il lavoro di interprete piace a Monica." - "Le piace il lavoro d'interprete."
> "Le donne con i capelli neri piacciono a Dario." - "Gli piacciono le donne con i capelli neri."
> - Che cosa sostituisce il pronome atono? 非重读代词代替什么? ....
> - Quale posizione occupa il pronome nella frase? 代词在句中的什么位置? ....
> 1. Usiamo più frequentemente la III persona singolare e plurale «piace» e «piacciono» anche se esistono le altre forme. 我们用的最多的是第三人称单数和复数形式 "piace" 和 "piacciono"，尽管也有其他形式。Esempio: "Tu mi piaci! Io ti piaccio?"
> 2. "piacere" può essere seguito da un infinito: "piacere" 后可以跟一个不定式: "Ci piace <u>abitare</u> a Roma."

 N.B. 注意

I pronomi "tonici" indiretti si usano, sia per indicare contrasto o enfasi, sia con le preposizioni. 重读的间接宾语代词用于表示对比或强调，带前置词。

> Esempio: "Mi piace molto la pizza ma <u>a lui</u> non piace! E <u>a voi</u>?"

XI Fate dialoghi con i suggerimenti sotto. 用下面给出的提示进行对话。

i ragazzi/le ragazze con i capelli biondi   il lavoro di insegnante
i ragazzi magri/le ragazze magre   il calcio
Esempio:
◊ *Ti piace la pizza?*   ◊ *Ti piacciono le lezioni di spagnolo?*
● *A me sì. E a te?*   ● *A me no. E a te?*
◊ *Anche a me!/A me no!*   ◊ *Neanche a me!/A me sì!*

XII Completa le frasi con il verbo *piacere* e i pronomi. 用代词和动词 piacere 完成句子。

1. (*a me*) _____ le macchine italiane!
2. (*a voi*) _____ fare sport?
3. (*a te*) _____ la pizza Margherita?
4. (*a lei*) _____ fare l'interprete?
5. (*a loro*) Non _____ le grandi città!
6. (*a noi*) _____ fare il nostro lavoro!

XIII Riformula le frasi sotto e usa il verbo *piacere* e i pronomi atoni. 用动词 piacere 和非重读代词重新组织句子。

Esempio: A Maria _____ molto il tuo lavoro. - "*Le piace molto il tuo lavoro.*"
1. Il calcio _____ molto a mio fratello. _____
2. Alla zia Matilde _____ la musica classica. _____
3. È vero che a Luca non _____ i film gialli? _____

4. Le mie amiche _____ a te e a tua sorella. _____
5. Io con i capelli corti non _____ alla mia ragazza! _____
6. A me e ai miei colleghi non _____ il nostro lavoro! _____

XIV **Completa con i pronomi tonici e atoni appropriati.** 用适当的重读和非重读宾语代词填空。

Esempio: A lui piace il tennis e anche _____ (io). - "A lui piace il tennis e anche a me."
1. A me piace Pavarotti ma non _____. (Giorgio)
2. (noi) _____ piace il carattere di Gina ma non ai nostri amici.
3. Vi piacciono le canzoni di Zucchero? Sì, e anche _____. (Paolo e Olga)
4. "Ti piace il mio ragazzo?" - "No, e neanche _____. (Rosalba)"
5. (signora Rossi) _____ piacciono i capelli lunghi ma non a suo marito.
6. (nostri figli) piace vivere in città ma non a noi!

XV **Scrivi le domande a queste risposte. Usa le forme appropriate del verbo piacere e del pronome.** 写出这些回答所对应的提问。使用动词piacere和代词的适当形式。

Esempio: "*Ti piace il tuo lavoro?*" - "Sì, abbastanza!"(tu)
1. _____? No, non molto! (Maria)
2. _____? Sì, è un lavoro interessante! (tu)
3. _____? No, perché è una ragazza egoista.(Marco)
4. _____? Sì, sono due tipi allegri. (voi)
5. _____? No, preferiscono il rock! (le tue amiche)
6. _____? Perché è un lavoro creativo. (tu)

XVI **Lavoro di coppia. A turno, fate domande al vostro compagno/alla vostra compagna su.** 2人一组。互相问有关以下方面的问题。

la città dove abita   la musica   lo sport
le lezioni d'italiano   i colleghi di corso   i professori

Esempio: ◊ *Ti piace ....?*
● *Sì, mi piace/ No, non mi piace perché ....*
◊ *Ti piacciono........?*
● *Sì, mi piacciono/ No, non mi piacciono perché....*

XVII **Aggiungi all'elenco sotto altri 4 lavori a cui sei interessato/a. Usa il dizionario o chiedi all'insegnante se necessario.** 在列表中加上你所感兴趣的4种工作。如有必要，查字典或问老师。

1. _____ 2. _____ 3. _____ 4. _____

XVIII **Leggi le definizioni e trova il lavoro di queste persone. Usa fare o essere.** 读定义，找出这些人的工作。用fare或essere。

1. È un uomo e fa il pane. Che lavoro fa? _____ pa _____
2. È una donna e lavora in un ristorante o in un bar. Che cosa fa? _____ _____ ca _____
3. È un uomo e lavora in una stazione di servizio. Che lavoro fa? _____ be _____
4. È una donna e lavora in una famiglia con i bambini. Che cos'è? _____ ba _____
5. È un uomo e lavora con la macchina. Che lavoro fa? _____ _____ ta _____
6. È una donna e lavora al centralino. Che cosa fa? _____ ce _____

Grammatica: genere e numero dei sostantivi (mestieri e professioni)
语法：名词的性数（手艺和职业）

Suffisso 后缀	Nome 名词	Singolare 单数	Plurale 复数
-ista	maschile 阳性 femminile 阴性	}-a: il giornalista la giornalista	} -i: i giornalisti } -e: le giornaliste
-iere	maschile 阳性 femminile 阴性	}-e: il cassiere }-a: la cassiera	} -i: i cassieri } -e: le cassiere
ario/aio	maschile 阳性 femminile 阴性	} -o: il segretario il fioraio } -a: la segretaria la fioraia	} -i: i segretari i fiorai } -e: le segretarie le fioraie

Ricorda inoltre le seguenti regole　另外记住以下规则
- nomi maschili in -ore → femminile in -ice/essa; -ore结尾的阳性名词 → -ice/essa结尾的阴性名词
  pittore/pittrice, dottore/ dottoressa
- nomi maschili in -e → femminile invariato; -e结尾的阳性名词→阴性名词不变
  un ingegnere, un' ingegnere, un cantante/una cantante (*cfr. Modulo 1*)
- nomi maschili in -o → femminile in -a oppure invariati; -o结尾的阳性名词→-a结尾阴性名词或不变
  poliziotto/poliziotta, medico, architetto (a volte anche *architetta o ministra*)

 N.B.　注意
Sono eccezioni 特例: uomo (uomini) / donna (-e); genero (-i) / nuora (-e), ecc. Per le altre particolarità si rimanda lo studente alla scheda riassuntiva di grammatica.　其他特殊情况参照语法概要卡片。

XIX Aggiungi i suffissi *-ista*, *-iere*, *-aio* ai seguenti nomi e forma nomi di mestieri o professioni.　给下列名词加上后缀*-ista*，*-iere*，*-aio*，构成表示手艺或职业的名词。

dente _____; porta _____; camion _____; parrucca _____; auto _____;
gelato _____; gomma _____; biglietto _____; barba _____; musica _____.

XX Fai il femminile dei seguenti nomi di professione e aggiungi l'articolo indeterminativo e determinativo.　给出下列表示职业的名词的阴性形式，并加上不定冠词和定冠词。

Esempio: *cameriere-una cameriera/la cameriera.*
1. autista _____
2. panettiere _____
3. operaio _____
4. infermiere _____
5. pasticciere _____
6. musicista _____
7. interprete _____
8. bigliettaio _____

XXI Cambia i nomi dal femminile al maschile o viceversa.　将阴性名词变阳性名词或做相反变化。

1. Mario fa il farmacista. / _____
2. Il mio amico di Perugia fa il medico in ospedale. / _____
3. Le infermiere non fanno volentieri i turni di notte. / _____
4. La parrucchiera sotto casa è solo per signora. / _____
5. Il padre di Irene fa il giornalista. / _____
6. Alle donne non piace fare le tassiste. / _____

XXII Lavoro di gruppo. 小组练习。

1. In gruppi di 4/5, scegliete il vostro lavoro preferito. Il portavoce del gruppo intervista gli altri, prende nota delle risposte e riferisce agli altri gruppi. 4人或5人一组，选择你们最喜欢的职业。发言人采访其他人，记下他们的回答，并向其他小组汇报。

Esempio: ◊ *Che lavoro fai?/ Che cosa fai?*
● *Faccio............./ Sono.............*
◊ *Dove lavori?*
● *Lavoro in ....*
◊ *Ti piace il tuo lavoro?*
● *Sì, mi piace perché............/ .... anche se....*
  / No, non mi piace perché..............anche se ...

2. Il portavoce riferisce agli altri gruppi in questo modo. 发言人以下面的方式向其他小组汇报。
"Nel nostro gruppo Paola fa/è.................Lavora in...................Le...........il suo lavoro, perché è........., ...e.................anche se.......
Andrea, invece, è/fa............Lavora in.................Gli.............il suo lavoro perché è............, ...e.......................anche se......ecc."

XXIII Lavoro di coppia. Seguite il modello di conversazione sopra e, a turno, fate domande su. 2人练习。根据上面对话中的模式，围绕下面几个方面互相提问。

- il lavoro dei vostri genitori
- il lavoro dei vostri familiari (fratello, sorella, ecc.)
- il lavoro del vostro migliore amico/della vostra migliore amica

XXIV Leggete l'articolo e, in coppia, cercate di capire dal contesto il significato delle seguenti parole. Se avete dubbi, chiedete all'insegnante oppure consultate il dizionario. 读文章，2人一组，尽量通过上下文理解下面单词的意思。如有疑问，问老师或查字典。

elenco telefonico   sondaggio   volantino   servizio
lavoro definitivo   lavoro stagionale   lavoro manuale   cambiamento   disoccupazione

Il lavoro dei giovani: posto fisso, addio!

Stefania, studentessa di Lettere Moderne, vende i prodotti della linea Herbalife e guadagna da 1.000 a 2.000 euro al mese; Diego, studente di Storia Moderna, fa il promotore di prodotti nei centri commerciali e prende 40 euro netti al giorno. Chi consegna elenchi telefonici guadagna 1200 euro al mese e chi distribuisce volantini prende anche 40 euro al giorno. Chi preferisce restare a casa, fa sondaggi al telefono a 10 euro all'ora. All'Informagiovani, servizio del Comune di Milano, 1.232.000 di persone cercano il primo lavoro (il 48% sono donne), la disoccupazione è cresciuta del 33% negli ultimi quattro anni e, in media, i giovani hanno un lavoro definitivo 4 o 5 anni dopo il diploma o la laurea. Nel frattempo i giovani trovano solo lavoretti, cioè lavori stagionali negli alberghi e nei villaggi vacanze dove, oltre che come istruttori di canoa, boomerang, vela e windsurf, lavorano come scenografi, commessi, baristi, escursionisti e soprattutto animatori. Sono lavori temporanei, molto utili nella nostra società. Adesso chi ha la laurea non trova automaticamente un posto di lavoro, e il posto fisso resta un ideale sia per i genitori che per i loro figli. Nell'Italia di oggi i giovani sono aperti ai cambiamenti e finiscono con il fare anche i lavori manuali.

testo adattato dell'articolo di *Maria Pace Ottieni* su "*la Repubblica*"

XXV Leggete l'articolo, segnate con una X le affermazioni vere e correggete quelle false. 读文章，在正确的判断后标上"X"，改正错误的判断。

	Vero	Falso
1. Stefania vende libri.	☐	☐
2. Stefania non guadagna molti soldi.	☐	☐
3. Diego studia e lavora.	☐	☐
4. I giovani italiani trovano un lavoro subito dopo la laurea.	☐	☐
5. I lavoretti sono lavori fissi.	☐	☐
6. In Italia i giovani preferiscono il posto fisso.	☐	☐

Grammatica : la coniugazione dei verbi 语法：动词变位

I verbi italiani si dividono in tre gruppi, detti coniugazioni, che si distinguono per la terminazione dell'infinito presente 根据不定式现在时词尾的不同，意大利语变位动词分为3组：

I coniugazione 第一组变位	verbi in -ARE	parlare
II coniugazione 第二组变位	verbi in -ERE	vedere
III coniugazione 第三组变位	verbi in -IRE	sentire

- Nella tabella sotto sono dati 4 modelli di coniugazione: tre per i verbi regolari e uno come esempio di coniugazione di alcuni verbi in -IRE. 在下面的表格中，给出动词变位的4种模式：3种规则动词的变位和某些以-IRE结尾的动词变位的一个例子。

	PARLARE	VEDERE	SENTIRE	CAPIRE
io	parlo	vedo	sento	capisco
tu	parli	vedi	senti	capisci
lui/lei	parla	vede	sente	capisce
noi	parliamo	vediamo	sentiamo	capiamo
voi	parlate	vedete	sentite	capite
Loro	parlano	vedono	sentono	capiscono

- Molti dei verbi in -IRE (*preferire, distribuire, istruire, finire, ecc.*) hanno il suffisso -isc tra il tema del verbo e le desinenze del singolare e della III persona plurale. 对于很多以-IRE结尾的动词（*preferire, distribuire, istruire, finire*等），其单数人称和第三人称复数的变位中，在动词词干和词尾中有后缀-isc。
- Il verbo "fare", come altri verbi della I coniugazione (*andare, dare, stare, ecc.*) e i verbi "essere" e "avere" della II coniugazione, hanno desinenze proprie. 动词"fare"和其他第一组动词的变位（*andare, dare, stare*等），以及第二人称动词"essere"和"avere"，有自己的结尾。

XXVI Completa gli spazi con gli infiniti dei verbi presenti nel testo. 用文中出现的动词不定式填空。

I coniugazione	II coniugazione	III coniugazione
guadagnare	vendere	distribuire
....	....	....
....	....	....
....		
....		
....		
....		

XXVII Completa gli spazi nella tabella sotto con le forme mancanti. 填出下面表中的缺项。

persona e numero 人称和数	infinito 不定式	coniugazione 动词变位
I pers. plurale amiano	amare	I in-are
II pers. sing .... prendono	servire	....
.... spediscono	....	....
III pers. sing.	....	....
II pers. plur.	scrivere	....
III pers. plur.	correre	....
.... bado	preferire	....
.... conosci	....	....
I pers. plurale	....	....
	insegnare	....

XXVIII Completa gli spazi con la forma verbale appropriata. 用适当的动词形式填空。

1. Gianni _____ come cameriere in un bar e _____ ai tavoli. (*lavorare, servire*)
2. Luca _____ l'architetto ma non _____ molto. (*fare, prendere*)
3. Molte donne _____ rimanere a casa perché _____ ai figli. (*preferire, badare*)
4. Le mie amiche _____ lavoretti stagionali perché non _____ il posto fisso. (*fare, avere*)
5. (lui) _____ volantini e _____ fino a 15 euro. (*distribuire, guadagnare*)
6. (tu) _____ l'inglese e il cinese? (*conoscere*)
7. (io) _____ segretaria: _____ alle e-mail e _____ la posta. (*essere, rispondere, spedire*)
8. (noi) _____ il posto a mezzo tempo perché non ci _____ molto. (*preferire, impegnare*)

XXIX Leggi i seguenti annunci e completa gli spazi con le parole sotto. 读下列招聘启事，并填词。

A) *richiedere   venditrice   responsabile   offrire   serio*

Lavoro part-time e guadagno full-time da casa oppure on-line:
Cerchiamo persone 1. s_____ e 2. _____ come venditori-3. _____ e 4. _____ fino a 700 euro mensili.
5. _____ giovani diplomati o laureati, max. trentenni. miojob.repubblica.it

B) *commesso   brillante   essere   guadagnare   vivere*

JULES- Catena di negozi di moda uomo/donna
Cerca 1. _____ o commesse part-time. Hai 18/30 anni, 2. _____ dinamico/a e comunicativo/a? Cerchi un lavoro piacevole e ben pagato o lavori già ma non 3. _____ molto? Ti piace la moda? 4. _____ in zona Padova?
Cerchiamo giovani 5. _____ come te!
Inviare curriculum e foto a jules@hotmail.com.it

XXX Leggi di nuovo gli annunci e rispondi alle domande. 再读一遍招聘启事，回答问题。

1. Che tipo di persone cercano nell'annuncio "*A*"?
2. Quant'è il guadagno al mese?
3. Che tipo di giovani richiedono e di che età?
4. Il lavoro dell'annuncio "*B*" è a tempo pieno?
5. Che tipo di persone cercano per questo lavoro?
6. È un buon lavoro?

XXXI Completa la coniugazione del verbo "cercare". 完成动词"cercare"的变位。

Tempo Presente 现在时

Io	cerco	noi	
tu	_____	voi	cercate
lui/lei, Lei	_____	loro	

 Grammatica: i verbi in "-care" e "-gare" 语法：以"-care"和"-gare"结尾的动词

> Seguono la coniugazione di "*cercare*" i verbi in -care, -gare (*spiegare, giocare, pagare, ecc...*). 以-care, -gare结尾的动词变位规则与"cercare"的变位一样。
> Nella II persona singolare "*tu*" e nella I persona plurale "*noi*" questi verbi inseriscono "h" prima della desinenza e fanno -chi/-ghi, -chiamo/-ghiamo. 在第二人称单数"tu"和第一人称复数"noi"的动词变位中，在这些动词的词尾前加"h"，成为-chi/-ghi, -chiamo/-ghiamo。

XXXII Completa con la forma appropriata del verbo in parentesi. 用括号中动词的适当形式填空。

1. (noi) Non _____ i vostri nomi! Sono abbastanza originali! (*dimenticare*)
2. (tu) Quanto _____ per una lezione d'inglese? Poco o molto? (*pagare*)
3. (tu) Perché _____ con i tuoi suoceri? Secondo me, sono persone simpatiche! (*litigare*)
4. _____ molto bene a calcio! Sembra Francesco Totti! (*giocare*)
5. (noi) _____ un lavoro a mezzo tempo e non a tempo pieno. (*cercare*)
6. (tu) Quanto tempo _____ a fare gli esercizi di grammatica? (*impiegare*)

XXXIII Lavoro di coppia. Sei all'agenzia "Cerco lavoro" per un colloquio. Il tuo compagno/la tua compagna fa la parte dell'impiegato. Sviluppate un dialogo secondo le seguenti istruzioni. Scambiatevi i ruoli. 2人练习。你在"我找工作"介绍所有一个面试，你的同学当职员。根据下面的说明进行一段对话，然后交换角色。

A	B
1. Saluta e chiede il nome	2. Risponde e dice il suo nome
3. Chiede l'età	4. Dice l'età
5. Chiede di dov'è	6. Risponde
7. Chiede se studia	8. Dice che studia Lingue Straniere
9. Chiede che tipo di lavoro cerca	10. Dice che cerca un lavoro estivo part-time
11. Chiede quali lingue conosce	12. Dice che conosce l'inglese e il tedesco e capisce un po' l'italiano
13. Dice che hanno lavori estivi come animatore e interprete in un villaggio turistico e chiede quale preferisce	14. Dice che preferisce il lavoro di animatore, perché gli piace e chiede anche quanto guadagna un animatore
15. Risponde e chiede se accetta il lavoro	16. Risponde di sì e chiede l'e-mail del direttore dell'agenzia, così manda il suo CV
17. Dice l'indirizzo e-mail del dottor Bianchi	18. Ringrazia e saluta
19. Risponde e saluta	

XXXIV Lavoro di coppia. Leggi le affermazioni sotto e discutine con il tuo compagno/la tua compagna. 2人练习。读下面的判断，与你的同学讨论。

- il posto fisso è noioso
- non ho un lavoro ideale
- cerco un lavoro piacevole e interessante anche se il guadagno non è alto

L'angolo della pronuncia
发音角

1. c/g+a, e, i, o, u

- ca, co, cu: c dura [k] come in *cane* [kane]
- ga, go, gu: g dura ['g] come in *gatto* ['gatto]

I Ascolta la registrazione e ripeti. 听录音，跟读。

camera cosa cuoco amico ascolto gas gomma gusto singolare lungo corto cugino

- ce, ci: c dolce [tʃ] come in *ciao* [tʃiao]
- ge, gi: g dolce [dʒ] come in *giusto* [dʒiusto]

II Ascolta la registrazione e ripeti. 听录音，跟读。

cinema cena luce ufficio gelato Angelo gita pagina amici mangiare Cina genitori

2. c/g +h +e, i

- che, chi: suono duro [k] come in *amiche* [amike]
- ghe, ghi: suono duro ['g] come in *ghepardo* ['gepardo]

III Ascolta la registrazione e ripeti. 听录音，跟读。

| chela | perché | chiesa | banchi | ghetto | spaghetti | ghisa | aghi |
| Pechino | chimico | ghiro | funghi | chiodo | inchiostro | gheriglio | belghe |

3. qu+a, e, i, o = [kw]

IV Ascolta la registrazione e ripeti. 听录音，跟读。

quale questo quando questionario frequentare qui aquilino quadro liquore cinque

V Come si pronunciano? Inserisci le parole nella colonna giusta secondo la pronuncia, ascolta e controlla. 如何发音？根据发音将单词填入正确的栏中，听录音，检查。

società gamba quaderno angolo greche chiuso gesso quieto
città curriculum giada percentuale elenco dunque giallo cena

[k]	['g]	[tʃ]	[dʒ]	[kw]
....	....	....	....	....
....	....	....	....	....
....	....	....	....	....
....	....	....	....	....

Scheda grammaticale riassuntiva 语法概要卡片

- **Il plurale dei sostantivi e degli aggettivi**

   1. sing. maschile in -o, -e, -ista, -ario/aio→ plurale in -i

sing. femminile in -a, -ista, -aria/aia, -era→ plurale in -e; in -e→ plurale in -i
2. sing. maschile in -co, go→ ci/chi, ghi - sing. femminile in -ca, ga→ che, ghe
sing. maschile in –io→ ii, i - sing. femminile in -ia→ie
3. sing.maschile in -ore, e→ ori, i - sing. femminile in -ice /essa→ ici/esse
4. I nomi maschili in -e al femminile rimangono invariati; i nomi maschili in -o possono avere il femminile in -a

- **Particolarità nella formazione del plurale:**
    1. maschili in -a→ plurale in -i: il problema/i problemi; il poeta/i poeti ecc.
        - Sono eccezioni: *il cinema /i cinema; il gorilla/ i gorilla, ecc.*
    2. Sono invariabili:
        - le parole di origine straniera: *il film/i film; il bar/i bar; il computer/ i computer*
        - i sostantivi tronchi: l'*università/le università; la città/ le città; il caffè/ i caffè; il tè/i tè, ecc.*
        - i femminili in -o: *la radio/le radio; la moto/le moto; l'auto/ le auto;*
        - alcuni nomi di colore come *rosa, viola, blu, fucsia.*

- **Aggettivi e pronomi possessivi**
    "mio zio Carlo" - "mio zio" - "un mio zio" - "i miei genitori" - "le mie amiche" - "il loro indirizzo" - "le loro figlie" - "E di chi sono questi quaderni? Sono tuoi?"
    - Non prendono l'articolo determinativo con i nomi di parentela al singolare. Fa eccezione il possessivo "loro"

- **Aggettivi e pronomi interrogativi ed esclamativi**
    "Quante persone siete in famiglia?" - "Quanti siete in classe?"
    - Appartengono alla I classe degli aggettivi e si usano anche come pronomi.

- **Gli aggettivi qualificativi**
    1. I classe: a 4 uscite -o/a singolare→ plurale -i/e
    2. II classe: a 2 uscite -e singolare→ plurale in -i
    3. III classe: a 3 uscite -in -ista → plurale in -i/e

- **Gli avverbi: "un po'", "molto", "abbastanza"**
    "È un po' basso/grasso." - "Il dottor Perzi è un medico molto paziente e rassicurante."
    "I miei colleghi d'ufficio sono metodici e abbastanza responsabili." - "Mi piace molto lo sport!"
    1. Attenuano aspetti negativi e precisano caratteristiche di una persona cosa, ecc.
    2. Sono invariabili, precedono l'aggettivo cui si riferiscono e seguono il verbo se usati da soli.

- **Le tre coniugazioni**
    "Diego studia e lavora." - "In Italia i giovani preferiscono il posto fisso." - "Stefania vende i prodotti della linea Herballife."
    - Esistono verbi regolari e irregolari. I verbi essere, avere, stare, fare, piacere sono considerati irregolari perché non hanno le desinenze delle relative coniugazioni.

- **I pronomi indiretti atoni e tonici + il verbo "piacere"**
    "Ti piace il tuo lavoro?" - "Gli piacciono le donne con i capelli neri." - "Mi piace molto la pizza. E a te?"

- **Il pronome interrogativo "chi"**
    "Chi è Roberto?" - "Chi sono Silvia e Laura?"
    1. Il pronome interrogativo "chi" si usa per identificare le persone ed è invariabile.
    2. "Di chi?" si usa per chiedere dell'appartenenza o del possesso di una cosa.

- **Le preposizioni "di", "con"**
    "È il padre di Stefano." - "Sono Jerry, una ragazza inglese di 22 anni" - "Enrico è di media statura, magro, con gli occhi verdi e la carnagione olivastra" - "Paolo è solo con sua madre e i suoi nonni materni."
    1. "di" si usa per indicare rapporti di possesso, appartenenza, caratteristiche fisiche, età.
    2. "con" si usa per esprimere unione o compagnia e per descrivere particolari fisici.

- **Le congiunzioni: "né…..né" e "o"**
    "Non ho né fratelli né sorelle." - "Parli il russo o il tedesco?"

- **Le congiunzioni "perché", "anche se", "invece", "anche", "neanche"**
    "Paola fa la stilista. Le piace il suo lavoro perché è creativo anche se è un po' stressante. Andrea, invece, fa

il poliziotto." - "Ti piace la pizza?" - "Anche a me!/ Neanche a me!"

1. "perché" → causa, motivazione; "invece" → contrasto; "anche se" → concessione
"Ti piace la pizza?" - "A me sì./ A me no. E a te?" - "Anche a me!/ Neanche a me!"

2. anche a me → accordo affermativo; neanche a me → accordo negativo
"Ti piace la pizza?" - "A me sì./ A me no. E a te?" - "Anche a me!/ Neanche a me!"

Per comunicare: sintesi delle funzioni 交际用语：功能梗概

chiedere e dire dei componenti della famiglia e dei rapporti di parentela	"Quanti siete in famiglia?" - "Siamo in tre: io ed i mei genitori." - "Hai sorelle o fratelli?" - "Ho due sorelle e due fratelli." - "Chi sono Silvia e Laura?" - "Sono le figlie di Marco."
parlare di possesso	"E di chi sono questi quaderni? Sono tuoi?"
chiedere e dire l'età dei familiari	"A proposito, quanti anni hanno i tuoi fratelli?" - "Marco e Gianni hanno 20 e 22 anni."
chiedere e dire della sistemazione	"Abiti da sola, vero?" - "Sì, la mia famiglia abita a Milano. E tu?"
esprimere sorpresa e commentare	"Ah, davvero?! Allora sei figlia unica!" - "Oh! Una bella famiglia numerosa!" - "Che strano!"
chiedere e dire dello stato civile e della residenza	"Sei sposato/a?" - "No, non sono sposato/a" - "È coniugato/a?" - "No, celibe/nubile." (burocratico) - "Dove abita?" - "Abito a Siena." - "Residenza?" - "Via del Fante n. 20, Siena." (burocratico)
chiedere di qualcuno e farne la descrizione fisica	"Com'è questo ragazzo o fidanzato? Che tipo è?" - "No, non è molto alto: è di media statura. È un po' robusto! Ha gli occhi verdi e i capelli lunghi e chiari."
chiedere e dire del carattere di qualcuno	"Come sono i tuoi compagni di viaggio? Che tipi sono?" - "Silvia, ad esempio, è estroversa e paziente ed è anche una bella donna! Invece, Paolo è un tipo tranquillo, simpatico e rassicurante."
descrivere se stessi, i propri pregi e difetti	"Sono entusiasta della vita ma serio e responsabile. L'ipocrisia non fa per me."
chiedere e dire del proprio e dell'altrui lavoro ed esprimere opinioni	"Che lavoro fa?" - "È meccanico/fa il meccanico in un'autofficina. È un lavoro faticoso ma ben pagato." - "Che cosa fai?" - "Faccio il veterinario/Sono veterinario. È un lavoro molto soddisfacente."
chiedere se piace il lavoro che si fa, rispondere e dare motivazioni	"Le piace il suo lavoro?" - "Sì, mi piace perché è utile agli altri anche se è un lavoro faticoso." - "Non molto! È pericoloso e inoltre non è ben pagato."

Laboratorio 实验室

1. Cambia i seguenti sostantivi al femminile. 将下列名词变为阴性形式。

a. i segretari: _____   b. i presidi: _____   c. i nipoti: _____   d. i professori: _____
e. gli studenti: _____   f. i generi: _____   g. i pittori: _____   h. i registi: _____
i. gli stilisti: _____   j. gli uomini: _____

2. Completa le parole con la desinenza e aggiungi l'articolo appropriato. 填词尾，加适当冠词。

a. La zia di Carlo fa ____ farmacist____ e vive a Palermo.
b. Mio nipote Giuseppe fa ____ giornalist____ per il giornale "*Corriere della Sera*".
c. Paola è ____ brav____ insegnant____ d'italiano. Insegna in un liceo di Roma.
d. Siamo in tre: mi____ figli____ Carlo, mi____ marit____ e io. Io faccio ____ poliziott____.
e. La signorina Rossi è ____ architett____ di Milano. Ama molto la sua professione.
f. Mi piace molto ____ scritt____ italian____ Elsa Morante. Mi piacciono i suoi romanzi.

g. Non le piace il lavoro di infermier ____ perché, secondo lei, è stressant ____.
h. La madre di Stefania è ____ signor ____ bell ____, elegant ____ e intelligent ____.

3. Trasforma le seguenti espressioni nominali al plurale. 将下列名词短语变成复数。
a. la maestra severa: _____; b. il commesso gentile: _____;
c. la cugina antipatica: _____; d. la segretaria irresponsabile: _____;
e. l'amico egoista: _____; f. la figlia intelligente: _____;
g. la collega altruista: _____; h. lo studente metodico: _____;
i. la suocera scortese: _____; j. l'uomo celibe: _____.

4. Completa con il possessivo e metti l'articolo ove necessario. 填物主形容词，必要时加冠词。
a. Scusi, signor Turco, qual è ____ residenza?
b. Non è ____ marito! È ____ fidanzato! Noemi non è sposata!
c. Scusa, Chiara ma...quanti anni ha ____ nonno? È così giovanile!
d. Antonio e Salvo non trovano ____ cellulari. Dove sono?
e. "Marina, Giorgio non è ____ fratello, vero?" - "No, è ____, di Paola."
f. Amo gli sport ma il tennis e il calcio sono ____ sport preferiti. Quali sono ____?
g. "Questi qui sono ____ professori d'italiano." - "Sono simpatici!"
h. Non le piace ____ lavoro: guadagna poco ed è noioso.

5. Completa con gli aggettivi e fai l'accordo grammaticale. 填形容词，进行性数配合。
divertente   nero   semplice   faticoso   interessante   grande   caotico   belga   socievole
a. Mio nonno, a 70 anni, ha ancora i capelli _____!
b. A noi non piacciono le città _____ e _____.
c. Il mio nuovo collega di università è _____, di Bruxelles.
d. Non mi piacciono molto i film americani anche se sono _____.
e. La mia ragazza è un tipo _____ e _____ ma non alla buona!
f. Il lavoro di tassista non è _____, ma è abbastanza _____.

6. Inserisci negli spazi le congiunzioni date in ordine sparso. 用这些没有先后顺序的连词填空。
o   neanche   e   ma   invece   perché   anche se   anche   né... né...
a. A mio padre _____ a mio fratello piace molto il tennis _____ a me no! È monotono!
b. Il lavoro ideale di Anna è fare la giornalista _____ non è una professione facile.
c. "Mi piace molto Monica Bellucci! E a te?" - "_____ a me! Fa film interessanti!"
d. Frequentiamo le lezioni d'italiano _____ ci piace molto questa lingua.
e. "Non mi piacciono i ragazzi bassi!" - "_____ a me! Non sono attraenti!"
f. La mia amica Marcella non è _____ sposata _____ fidanzata. È libera, per fortuna!
g. "Fai il commesso a tempo pieno _____ a mezzo tempo?" - "A mezzo tempo. È più comodo!"
h. A te piacciono i Negrita; io, _____, preferisco i Pooh. Abbiamo gusti molto diversi!

7. Inserisci negli spazi sotto i seguenti verbi al tempo presente. 用所给动词的现在时填空。
a. (noi) _____ un lavoretto a mezzo tempo e _____ poco. (*avere, guadagnare*)
b. "(io) _____ il nuovo libro di Umberto Eco E voi?" - "_____ l'ultimo di Stefano Benni!" (*cercare*)
c. (io) _____ il caffè espresso ma lei _____ il caffè macchiato! (*piacere, preferire*)
d. Scusi, signore, come _____? Non la _____! (*chiamarsi, conoscere*)
e. Io non _____ il tedesco parlato ma _____ a leggere il giornale. (*capire, riuscire*)
f. Mia madre _____ la casalinga: _____ la casa, _____ la spesa e _____. (*fare-2, pulire, cucinare*)
g. I nonni _____ con i tuoi genitori o _____ da soli?" - "Da soli. Sono autonomi." (*stare, vivere*)
h. I mei zii _____ a Roma ma _____ in una scuola di Ostia. (*abitare, insegnare*)

8. Queste sono le risposte: quali sono le domande? 这些是回答： 问题是什么呢？

a. _____? No, non ne ha. È figlia unica!
b. _____? No, non fa l'insegnante. È architetto.
c. _____? No, è scapolo.
d. _____? È alta e magra ma non è molto bella!
e. _____? No, è pericoloso e non ben pagato.
f. _____? p-o-doppia erre -e -doppia elle-o.
g. _____? Hanno 48 e 40 rispettivamente.
h. _____? Neanche a noi!

MODULO 3

"Casa, dolce casa..."
"家，甜蜜的家……"

In questo modulo imparerai a 在本章你将学到

- descrivere le abitazioni e le zone intorno
  描述住宅和周围地区
- parlare degli aspetti positivi e negativi delle abitazioni
  谈论住宅的优点和缺点
- localizzare e descrivere arredi e oggetti della casa (colore, forma, materiale)
  指出家里陈设品和物品的位置并描述（颜色、形状、质地）
- parlare di costi (affitti/vendite) e di servizi
  谈论价格（租金/买卖）和服务
- mettere un annuncio per vendere o affittare un'abitazione o per cercare un alloggio
  登广告卖住房，租房子或找住处

Unità 1

"COM'È LA TUA CASA?"
"你的房子怎么样？"

I Lavoro di gruppo. In gruppi di 3/4: discutete delle case degli italiani e dite come sono. 小组练习。3人或4人一组：讨论意大利人的住宅，说出他们的住房是怎样的？

piccole?/grandi? - moderne?/tradizionali? - con giardino?/con terrazzo? - belle?/confortevoli?

II Dove si trovano queste abitazioni? Associa le foto alle zone. 这些住宅在哪里？将照片与地区连线。

1. l'attico

2. la villa

3. la mansarda

4. il casale

5. la villetta in residence

6. l'appartamento

in campagna ☐   in una zona residenziale ☐   in periferia ☐
in centro ☐   in una zona commerciale ☐

III Lavoro di coppia. Discuti con il tuo compagno/la tua compagna dove si trovano le abitazioni sopra. 2人练习。跟同学讨论，上面的住宅位于哪里。

Esempio: ◊ *Secondo me, l'appartamento in condominio si trova in...*
● *Per me, invece, è in ...*

⚠ **N.B.** 注意

"si trova", "si trovano" (*trovarsi*) si usano per indicare la posizione di un luogo, di un oggetto o di una persona. "si trova"，"si trovano"（trovarsi）用于指一个地方、一个东西或一个人的位置。

IV Abbina i nomi delle stanze alle foto. Se hai dubbi, consulta il dizionario o chiedi all'insegnante. 将房间的名称与照片连线。如果你有疑问，查字典或问老师。

1   2   3   4

V Che cosa sono? A che cosa servono? Consulta il dizionario o chiedi all'insegnante. 这些是什么？它们有什么用途？查字典或问老师。

ripostiglio   box-cantina   studio   doppio servizio   lavanderia

VI Leggi gli annunci su questo quotidiano on-line e abbina le parole alle definizioni. 读这张网络日报上的小广告，将词汇与定义连线。

Il Messaggero.it

> 1. Vendiamo panoramico appartamento bivano+doppio servizio in zona centrale di 90 mq. Termo-autonomo, grande terrazzo, box-auto, ripostiglio. 250.000 euro trattabili. Vero affare. Telefonare al 335 67 8321.
>
> 2. Affitto spaziosa mansarda trivani semi-arredata di 75 mq. in condominio in zona residenziale: 2 stanze, 1 ampio soggiorno, cucinino, lavanderia e garage. Spese condominiali escluse. Solo professionisti. 500 euro mensili. Scrivere a: norbertolli@hotmail.it.
>
> 3. Villetta di 160 mq a 2 piani in tranquillo residence in periferia vendo: 2 camere da letto, 1 camera per gli ospiti, soggiorno, cucina grande abitabile, studio, box-cantina, ampio giardino. 350.000 euro non trattabili.

1. bivano ☐   a. appartamento con tre camere
2. termo-autonomo ☐   b. riscaldamento non centralizzato
3. semi-arredata ☐   c. non è solo per cucinare e mangiare
4. abitabile ☐   d. appartamento di due camere
5. trivani ☐   e. non è vuota e ha un po' di mobili

VII. Segna con una X le affermazioni vere e correggi quelle false. 用 "X" 标出正确的判断，改正错误的判断。

	Vero	Falso
1. L'appartamento ha tre stanze e il doppio servizio.	☐	☐
2. Ha il riscaldamento autonomo.	☐	☐
3. È in periferia.	☐	☐
4. Ha il garage e la lavanderia.	☐	☐
5. La mansarda ha una cucina grande ed è in centro.	☐	☐
6. La villetta ha tre camere da letto.	☐	☐
7. Ha tre piani ed è in campagna.	☐	☐
8. Ha un piccolo giardino.	☐	☐

VIII. Completa la tabella con le informazioni mancanti. 填出下表的缺项。

	che abitazione è?	dov'è /dove si trova?	quante stanze ha?	quanto è grande?	che servizi ha?	è in vendita? / in affitto?
annuncio 1	appartamento					è in vendita
annuncio 2			3 stanze			
annuncio 3		in periferia				

👁 Grammatica: "c'è", "ci sono" vs "avere" 语法："c'è"， "ci sono" 比照 "avere"

C'è+sostantivo singolare	Ci sono+sostantivo plurale
C'è+单数名词	Ci sono+复数名词
"<u>C'è</u> *un piccolo giardino*."	"<u>Ci sono</u> *due piani*."

 N.B. 注意

Il verbo "esserci", formato da "essere" + la particella "ci", ha il significato di *esistere*, *avere luogo* e può essere usato al posto di "avere". Confronta le frasi sopra con: 动词 "esserci"，由动词 "essere" +小品词 "ci" 组成，意思是 "存在"、"发生"，可以由 "avere" 代替。比较上面的句子和这两句：

"*Ha un piccolo giardino.*" - "*Ha due piani.*"

IX Metti nelle colonne almeno 5 cose delle abitazioni negli annunci. 在适当的栏中填入广告中的住宅有的东西，至少5样。

c'è	ci sono
1. _____	_____
2. _____	_____
3. _____	_____
4. _____	_____
5. _____	_____

X Rileggi gli annunci e completa le frasi con *c'è, non c'è, ci sono, non ci sono*. 再读小广告，用c'è，non c'è，ci sono，non ci sono完成句子。

1. Nell'appartamento:
 a. _____ il doppio servizio ma _____ la lavanderia.
 b. _____ due camere e il ripostiglio.
 c. _____ il riscaldamento centralizzato.

2. Nella mansarda:
 a. _____ tre stanze.
 b. _____ la lavanderia e il garage ma non _____ il ripostiglio.
 c. _____ spese condominiali.

3. Nella villetta:
 a. _____ tre camere da letto.
 b. _____ il soggiorno e la cucina grande.
 c. _____ il box-cantina ma _____ la lavanderia.

XI Che cosa hanno/non hanno le abitazioni sopra? Usa *avere* per descriverle. 上面的住宅中有什么/没有什么？用avere描述。

> Esempio: "*L'appartamento ha il doppio servizio ma non ha la lavanderia.*"

XII Dall'annuncio al paragrafo: metti in ordine le parole e scrivi paragrafi completi. Fa' attenzione alla punteggiatura! 从广告到段落：将单词排序，写出完整的段落。注意标点！

annuncio 1
 1. un/zona/appartamento/panoramico/una/centrale/vendono/in.
 2. box-auto/ha/il/due/appartamento/camere/servizio/l'/ripostiglio/doppio/il/grande/il/un/terrazzo/e.
 3. autonomo/c'è/il/anche/riscaldamento.

annuncio 2
 1. in/mansarda/zona/condominio/una/affitto/è/in/spaziosa/una/ in/ residenziale.
 2. ha/la/tre/semi-arredata/è/vani/mansarda/e/un/letto/da/e/ampio/due/soggiorno/camere.
 3. condominiali/lavanderia/il/ci sono/il/la/anche/e/ci/spese/ non/garage/sono/cucinino/spese.

annuncio 3
 1. periferia/in/villetta/piani/tranquillo/in/di/un/residence/è/in/due/vendita/una.
 2. ci/grande/sono/una/ha/ospiti/sono/due/cucina/da/letto/camere/camera/gli/soggiorno/e/un/una/abitabile/villetta/per/grande/la.
 3. grande/il/ci/giardino/sono/e/un/anche/box-cantina/lo/studio.

XIII Lavoro di coppia. A turno, fate domande del tipo "*si/no*" sulle abitazioni sopra. 2人练习。围绕上面住宅的信息，轮流提问，问题的回答是"*si/no*"。

Esempio: ◊ *C'è la camera per gli ospiti nella villetta?*
● *Sì, c'è.*
◊ *Ci sono due piani?*
● *No, non ci sono. C'è solo un piano.*
◊ *Ha la lavanderia?*
● *No, ma ha il box-cantina.*

XIV Ascolta la registrazione, rispondi alle domande e scegli l'opzione giusta. 听录音，回答问题，选择正确答案。

1. Dove abita Francesco? (*in città /in centro/fuori città*)
2. Dov'è l'appartamento? (*in un residence/in un vecchio palazzo*)
3. Cosa c'è nella casa di Francesco? (*un balcone, un terrazzo e poche finestre/un balcone, un terrazzo e molte finestre*)
4. Quante stanze ci sono? (*tre stanze, il bagno e la cucina/tre stanze e due bagni*)
5. Che cosa manca nel suo appartamento? (*l'ascensore e il garage/l'ascensore, il ripostiglio e il garage*)
6. Qual è la stanza dove passa molto tempo? (*lo studio/il salotto*)

XV Ascolta di nuovo e scrivi il nome sotto ogni foto. 再听一遍，写出下面每张照片的名称。

1......................

2......................

3......................

4......................

5......................

6......................

N.B. 注意

Il verbo "mancare" è usato per indicare l'assenza di qualcosa o qualcuno. 动词"mancare"用于表示缺某物或某人。

Esempio: "*Manca l'ascensore!*" (non c'è l'ascensore)

XVI Riformula le frasi con la forma corretta del verbo *mancare*. 用动词mancare的正确形式重新组织句子。

1. Il palazzo è bello e si trova in centro, ma non c'è il portiere. _____
2. Nella tua casa ci sono molti confort ma non c'è la camera per gli ospiti! _____
3. Non ci sono mobili e non c'è il telefono nella mansarda! _____
4. Nella villetta non c'è né la lavanderia né il box-cantina? _____
5. È vero che nella tua casa non c'è il riscaldamento autonomo? _____
6. C'è il giardino ma non c'è il giardiniere. _____

XVII Lavoro di coppia. Decidete chi siete-Studente A/Studente B - e fate un dialogo in cui parlate delle comodità e dei disagi della vostra casa. Lo Studente A rimane in questa pagina e lo Studente B va all'Appendice a pag 175. 2人练习：分角色，同学A和同学B，做一个对话，谈论你们家里方便之处，以及不便之处。同学A本页的信息，同学B附录175页。

COMODITÀ:	garage	terrazzo pensile	portiere
DISAGI:	ascensore	riscaldamento centralizzato	doppio servizio

XVIII È questo l'appartamento di Francesco? Osserva la piantina e completa la descrizione in questo modo. 这是Francesco的公寓吗？观察平面图，用这种方式完成描述。

- Questo è/non è l'appartamento di Francesco perché ....
  ....
  ....

XIX Lavoro di gruppo. In gruppi di 3/4: a turno, fate domande sulle vostre abitazioni, raccogliete le informazioni e fate una presentazione in plenaria. Seguite le indicazioni. 小组练习。3人或4人一组，问有关住房的问题。你们收集信息，并一起做介绍。看提示。

in città/fuori città/periferia?   appartamento/mansarda o...?
in un condominio/in un palazzo o...?   balconi/finestre?
quante stanze da letto/quanti bagni?   cucinino/doppio servizio?
ascensore/cantina/terrazzo/giardino/garage?

XX Ascolta la registrazione e trascrivi nella colonna appropriata le seguenti parole secondo l'accento. 听录音，根据重音，把下列单词写入适当的栏中。

trivani   riscaldamento   città   garage   abitabile   autonomo   condominio   condominiale
spazioso   residence   mansarda   palazzo   box   cucinino   terrazzo   ampio
bagno   villetta   cantina   panoramico   lavanderia

ultima sillaba 最后一个音节	penultima sillaba 倒数第二个音节	terzultima sillaba 倒数第三个音节
garage [garadʒ]	trivani	autonomo

"Casa, dolce casa..." Modulo 3

XXI Trova gli opposti dei seguenti aggettivi. 找出下列形容词的反义词。

1. buio ☐
2. spazioso ☐
3. silenzioso ☐
4. comodo ☐
5. trafficato ☐
6. costoso ☐

a. scomodo
b. rumoroso
c. luminoso
d. piccolo
e. tranquillo
f. economico

XXII Associa le seguenti attività ai disegni sotto. 将下面的活动与图片连线。

invitare amici ☐ parcheggiare la macchina ☐ andare a piedi ☐
mangiare in cucina ☐ guardare un video ☐ dare feste ☐

1   2   3
4   5   6

XXIII Ascolta la registrazione, segna con una X le affermazioni giuste e correggi quelle sbagliate. 听录音，用"X"标出正确的判断，改正错误的判断。

	Vero	Falso
1. L'appartamento è buio e non è comodo.	☐	☐
2. Ai signori Martini non piace il soggiorno.	☐	☐
3. La cucina è spaziosa.	☐	☐
4. L'appartamento si trova in una zona residenziale.	☐	☐
5. L'appartamento ha il posto-auto ed è costoso.	☐	☐
6. L'appartamento si trova in una zona tranquilla e sicura.	☐	☐

XXIV Ascolta di nuovo la registrazione e riempi gli spazi. 再听一遍录音，填空。

ASPETTI POSITIVI:
- La stanza da letto è _____ e _____.
- Il soggiorno è _____ e la _____ è accogliente.
- _____ ha una bella _____.
- _____ si trova _____ _____.
- La zona, anche se centrale, non è né _____ né _____.

ASPETTI NEGATIVI:
- ____ _____ non è abitabile perché non c'è _____ _____.
- Manca il _____ per la _____.

XXV Lavoro di coppia. Con il tuo compagno/la tua compagna verifica le risposte date. Cerca di variare le domande. 2人练习：跟同学一起检查答案。尽量用不同的方式提问。

Esempio: ◊ Com'è l'appartamento?
● È comodo e luminoso.

XXVI Lavoro di gruppo. In gruppi di 3/4: fate domande sulle vostre abitazioni e rispondete. 小组练习：3人或4人一组，问有关你们住处的问题，并回答。

XXVII Ascolta di nuovo e completa le frasi. 再听一遍录音，完成句子。

1. _____ ospitare i nostri genitori.
2. ____ _____ invitare molti amici.
3. Carlo _____ lavorare al computer.
4. _____ guardare i mei film preferiti!
5. _____ andare a piedi.
6. _____ parcheggiare la macchina fuori, per strada.

XXVIII Completa la coniugazione del verbo "potere". 完成动词"potere"的变位。

Tempo Presente 现在时

io	_____	noi	_____
tu	_____	voi	potete
lui/lei, Lei	_____	loro	possono

Grammatica: "potere", verbo servile 语法："potere"，辅助动词

Osserva le frasi sopra e rispondi alle seguenti domande. 观察上面的句子，回答下列问题。
- Che cosa segue il verbo "potere": il sostantivo o il verbo all'infinito?................
  动词"potere"后面跟什么词？名词还是动词原形？
- Che posto occupa la particella "non"？小品词"non"在什么位置？
- Che cosa esprime "potere"："potere"表示什么？
  possibilità? 可能性？　　permesso? 允许？　　richiesta? 要求？

XXIX Inserisci negli spazi le forme del verbo *potere* e la particella *non*, ove necessario. 用动词"potere"的适当形式填空，并在必要时用小品词"non"。

1. _____ guardare la televisione perché ho molto da fare in questo momento.
2. _____ dare feste a casa perché i nostri genitori sono molto rigidi.
3. _____ parcheggiare la vostra auto per strada? Noi no! La zona non è sicura.
4. Scusa, Martina, dove _____ lavorare con il mio computer?
5. Paola ha una piccola mansarda con una bella vista: _____ guardare piazza Navona!
6. I nostri vicini di casa hanno un soggiorno piccolo e _____ invitare i loro amici!

XXX Riassumi il contenuto del dialogo: inserisci negli spazi le forme del verbo potere e aggiungi altri verbi. 简述对话内容：用potere的适当形式填空，加上其他动词。

"I signori Martini _____ mangiare in cucina, ospitare i loro genitori e _____ feste. Il signor Martini _____ andare a piedi e _____ la macchina per strada perché la casa _____ in una zona tranquilla. In questa nuova casa la signora Martini può _____ i suoi video preferiti e suo figlio _____ lavorare al computer perché hanno un soggiorno grande. I Martini, purtroppo, non _____ invitare molti amici perché la cucina non è spaziosa."

XXXI Che cosa puoi fare nel tuo appartamento? Sottolinea le frasi che sono vere per te e completa. Aggiungi altre frasi. 你可以在自己的公寓里做什么？划出适用于你的情况并完成句子。加上其他句子。

1. Posso/Non posso mangiare in cucina perché _____
2. Posso/Non posso invitare i miei amici perché _____
3. Posso/Non posso andare a piedi perché _____
4. Posso/Non posso lasciare la macchina per strada perché _____
5. ....
6. ....

Grammatica: "preposizioni semplici" vs "preposizioni articolate" 语法："简单前置词"对比"缩合前置词"

- Osserva la tavola e completa gli spazi. 观察表格，填空。

	il	l'	lo	la	i	gli	le
di	del	dell'	dello	della		degli	delle
a	al	all'	allo		ai	agli	alle
da	dal	dall'		dalla	dai	dagli	dalle
in	nel	nell'	nello	nella	nei		nelle
su	sul		sullo	sulla	sui	sugli	sulle

XXXII Inserisci la preposizione articolata corretta. Se hai dubbi sul genere dei nomi, consulta il glossario. 填入正确的缩合前置词。如果对名词的阴阳性有疑问，查词汇表。

a. La preposizione "*di*": ____ professore d'inglese; ____ studenti italiani; ____ ragazza francese; ____ nostri amici; ____ insegnante d'inglese; ____ due studentesse; ____ zio di Andrea

b. La preposizione "*a*": ____ cinema; ____ università; ____ zii di Giancarlo; ____ vostri colleghi; ____ attrici italiane; ____ avvocato; ____ studente cinese

c. La preposizione "*da*": ____ Italia; ____ amici di Giorgio; ____ dentista (m); ____ zia; ____ mie sorelle; ____ psicologo; ____ tuoi nonni

d. La preposizione "*in*": ____ mia casa; ____ studio; ____ ascensore; ____ alberghi; ____ pala_ del centro; ____ città (pl.); ____ agenzia;

e. La preposizione "*su*": ____ terrazze; ____ pavimento; ____ mensola; ____ davanzali; ____ scrittoio; ____ Arno; ____ scaffali.

XXXIII Preposizione semplice o articolata? Segna con una X la preposizione gi_ 简单前置词还是缩合前置词？读句子，用"X"标出正确的前置词。

	Semplice	Articolata
1. Abito in una piccola mansarda.	☐	☐
2. Nel bagno non c'è la doccia.	☐	☐
3. Dal balcone posso vedere il centro commerciale.	☐	☐
4. Viviamo a Palermo, in Sicilia.	☐	
5. Al piano terra c'è una grande cucina.	☐	
6. Abbiamo una casa nella periferia della città.	☐	
7. Puoi lasciare la macchina in garage e fare due passi!	☐	
8. Domani ho lezione all'università.	☐	

XXXIV Associa le seguenti attività ai disegni. 将下面的活动与图片连线。

1 2 3 4

5 6 7 8

giocare alla play-station ☐   ascoltare musica ☐   fare la doccia ☐   lavare la biancheria ☐
leggere il giornale ☐   guardare la televisione ☐   fare yoga ☐   parlare al telefono ☐

XXXV Metti la preposizione articolata davanti ai nomi per esprimere lo stato in luogo. 在名词前加上缩合前置词，表达位置。

1. _____ lavanderia   2. _____ soggiorno   3. _____ studio   4. _____ sala da pranzo
5. _____ cucina   6. _____ doppio servizio   7. _____ camera da letto   8. _____ terrazza

XXXVI Lavoro di gruppo. In gruppi di 3/4: chiedete e dite in quali stanze della vostra casa potete fare le attività sopra. 小组练习：3人或4人一组，谈谈你们可以在家中的哪些房间里进行上面这些活动？

XXXVII Leggi l'e-mail e riempi gli spazi con le preposizioni. 读电子邮件，用前置词填空。

sull'   al   dell'   in (5)   dal   nella (4)   del (2)   all'   nel (2)   con (2)

Caro Gianni,
come stai? A che punto sei con gli studi? Io sono ancora 1. _____ università e frequento l'ultimo anno. Non abito 2. _____ residenza universitaria ma divido un appartamento 3. _____ affitto insieme 4. _____ Luciana. L'appartamento si trova 5. _____ una zona tranquilla e sicura 6. _____ periferia di Firenze.
Anche se l'appartamento è piccolo, è molto comodo: c'è un ampio soggiorno, la camera da letto, una bella cucina grande e, naturalmente, il bagno 7. _____ la doccia. 8. _____ soggiorno io studio e guardo la televisione; 9. _____ camera da letto posso lavorare 10. _____ computer e 11. _____ cucina posso pranzare e invitare i miei amici perché è spaziosa.
L'appartamento ha una bella vista 12. _____ Arno 13. _____ balcone 14. _____ soggiorno.
Sono molto soddisfatta 15. _____ mio appartamento perché l'affitto non è caro: è soltanto 350 euro e _____ una grande città come Firenze è un prezzo abbastanza buono.
? Abiti 17. _____ dormitorio 18. _____ università o 19. _____ un appartamento 20. _____ affitto?
_____ o saluto,

XXXVIII Lavoro di coppia. Scambiatevi informazioni sulle vostre abitazioni, annotate le _____ e riferite alla classe. Fate domande su: 2人练习。交换有关你们住房的信息，_____ 结果，向全班介绍。围绕这些方面提问：

_____ s_____   numero di stanze   attività nelle stanze
_____ motivo   vantaggi e svantaggi

XXXIX Leggi le riflessioni di uno studente italiano, sottolinea le forme del verbo sapere e completane la coniugazione. 读一位意大利学生的想法，划出动词"sapere"的变位形式，填写变位表。

> Molti ragazzi del mio paese preferiscono "emigrare" nelle grandi città del Nord e studiare a Milano, Torino, Bologna, centri universitari di antica tradizione, invece che restare al Sud. Questo non è semplice per molti ragazzi meridionali perché, all'inizio, non sanno affrontare i nuovi problemi, anche se sanno che in questo modo possono maturare. Cercare casa è il primo dei problemi. È difficile trovare subito un appartamento economico, comodo, magari con vicini di casa simpatici ma alla fine, tra agenzie immobiliari, bacheche e annunci sui giornali, possono trovare una stanza in famiglia da dividere con un altro fuorisede. Questo tipo di sistemazione è molto conveniente per gli studenti perché spendono poco e possono avere il calore e i confort di una casa: la padrona, in genere, sa trattare bene questi ragazzi, sa cucinare e badare a loro come la loro vera madre. Io preferisco vivere all'interno dell'università e godere dei suoi molti vantaggi: ad esempio, al campus posso incontrare i professori nelle ore di ricevimento, posso fare amicizia con gli studenti stranieri perché so parlare l'inglese e il francese e posso lavorare come tutor per i colleghi indietro con gli esami.
> Antonio

Tempo Presente 现在时

io	_____	noi	sappiamo
tu	sai	voi	sapete
lui/lei, Lei	_____	loro	_____

Grammatica: "sapere", verbo servile 语法："sapere"，辅助动词

Rifletti sulle frasi contenenti il verbo "sapere" e "potere" e completa la regola.
观察带有动词"sapere"和"potere"的句子，完成规则。
"...posso conoscere gli studenti stranieri perché so parlare l'inglese e il francese..."
  l'abilità   possibilità   richiesta
Con il verbo "sapere" esprimiamo _____ o la capacità di fare o non fare qualcosa; usiamo, invece, il verbo "potere" per indicare _____, permesso o _____.

XL Rileggi il testo e segna con una X le affermazioni vere. 再读文章，用X划出正确判断。

	Vero	Falso
1. I ragazzi meridionali preferiscono frequentare le università del Sud invece che andare al Nord.	☐	☐
2. Lo studente fuorisede può trovare subito casa.	☐	☐
3. Gli studenti universitari possono trovare alloggio in una famiglia.	☐	☐
4. La padrona di casa non sa badare agli studenti.	☐	☐
5. Antonio non sa parlare le lingue straniere.	☐	☐
6. Nel campus Antonio non può godere di tanti vantaggi.	☐	☐

XLI Completa le frasi in maniera appropriata. 用适当的方式填空: *potere o sapere*?

1. Andrea, _____ fare il test d'italiano? Io no! Non è facile.
2. Signora, mi scusi, _____ parcheggiare in questo spazio: non ha altra scelta!
3. (io) In quale agenzia _____ trovare annunci di villette in vendita?
4. I tuoi amici _____ giocare alla play-station molto bene!
5. (io) Non _____ vivere in una piccola città di provincia. Mi piacciono le metropoli!
6. (noi) Non _____ lavorare al computer. Non abbiamo molta pratica!

XLII Quali sono le tue abilità in italiano? Completa i seguenti elenchi. 你的意大利语能力有哪些？完成下表。

Che cosa so fare	Che cosa posso migliorare	Come posso migliorare
....	....	posso ascoltare le canzoni italiane
....	....	....
....	....	....

XLIII Completa le battute con *sapere* o *potere*. 用sapere或potere完成对话。

1. "Non capisco questo esercizio!" - "Va bene. _____ ripetere la spiegazione!"
2. "Ragazzi, _____ fare il compito?" - "Sì, ma non _____ finire la traduzione perché non abbiamo molto tempo!"
3. "Scusa, Jane, _____ compilare il modulo?" - "Sì, ma non _____ scrivere il numero della carta d'identità! Ho la carta d'identità a casa!"
4. "Adnan _____ parlare l'italiano?" - "Sì, molto bene. Magari _____ trovare un lavoro in Italia!"
5. "_____ invitare i nostri amici a casa?" - "Sì, perché no? Ma non _____ quando?"
6. "Come _____ imparare l'italiano in poco tempo?" - "Non _____ rispondere alla tua domanda!"

XLIV Lavoro di gruppo. In gruppi di 3/4: fate le seguenti domande e rispondete. 小组练习：3人或4人一组，问下列问题并回答。

- E tu, come ti trovi in questa città?
- Quali problemi può incontrare uno studente fuorisede in una grande città?
- Conosci studenti con problemi di adattamento? Come possono trovare un alloggio in una grande città?
- Com'è la tua vita di studente fuorisede?

"QUANTO COSTA L'AFFITTO?"
"租金是多少钱？"

I   I numeri cardinali da 100 in poi. Completa gli spazi con le corrispondenti cifre in lettere o a numero. 100以上的基数词。用字母或阿拉伯数字表示相应的数字，填空。

101	centouno	1500	_____
150	centocinquanta	1762	millesettecentosessantadue
____	duecento	_____	millenovecentoquarantatre
335	trecentotrentacinque	2000	duemila
____	cinquecento	3000	_____
754	_____	_____	cinquemila e cinquanta
1000	mille	1.000.000	un milione
1010	_____	10.000.000	_____ milioni

II   Ascolta la registrazione e controlla i numeri dati. 听录音，检查所给的数字。

III   Lavoro di coppia. A turno, leggete i seguenti numeri in ordine crescente. Chi impiega meno tempo? 2人练习：按从小到大的顺序读出下列数字。谁能在最短的时间内读完？

2009   350   100.000   195   2.000.000   853   1789   750.000   110   550.000

IV   Abbina questi eventi importanti alle date sotto indicate. 将这些重要的历史事件和下面指出的年份连线。

Esempio: "Il ....è l'anno della/dell'..."

1. la Rivoluzione Francese ☐   2. la scoperta della penicillina ☐
3. l'arrivo dell'uomo sulla luna ☐   4. la scoperta dell'America ☐
5. l'Unità d'Italia ☐   6. la nascita della Repubblica Popolare Cinese ☐

a. 1492   b. 1789   c. 1928   d. 1861   e. 1949   f. 1969

V   Ascolta e controlla. 听录音检查。

VI   Lavoro di gruppo. In gruppi di 4/5: chiedete ai vostri compagni il loro anno di nascita. 小组练习。4人或5人一组，问同学们的出生年份。

Esempio: ◊ Quando sei nato/a?/ Qual è il tuo anno di nascita?
      ● Sono nato/a nel 19...../ È il 19......

VII   Lavoro di gruppo. A turno, chiedete l'anno di nascita di familiari e amici. 小组练习。互相问家人和朋友的出生年份。

Esempio: ◊ Quando è nato tuo padre?/ Qual è l'anno di nascita di tuo padre?
      ● È nato nel 19...?/ È il 19...

VIII   I numeri ordinali: collega i numeri cardinali con i corrispondenti ordinali. 序数词：将基数词与对应的序数词连线。

1. _____; 2. _____; 3. _____; 4. _____; 5. _____;
6. _____; 7. _____; 8. _____; 9. _____; 10. _____.

settimo   quarto   nono   quinto   primo   decimo   terzo   sesto   ottavo   secondo

IX Ascolta la registrazione, controlla, ascolta di nuovo e ripeti. 听录音检查，再听并跟读。

X Osserva la tabella e forma i numerali ordinali dai corrispondenti cardinali. 观察下表，用基数词构成相应的序数词。

undici	undic-esimo/a	undicesimo/a
trenta	trent-esimo/a	trentesimo/a

12 _____;   18 _____;   20 _____;
25 _____;   33 _____;   50 _____;
100 _____; 200 _____; 1000 _____.

👁 Grammatica: i numerali cardinali e ordinali 语法：基数词和序数词

> **Osserva le seguenti espressioni e completa la tabella sotto con le parole date.**
> 观察下列表达方式，用所给词填下表。
> - *1 bagno* (un bagno)-*2 camere da letto* (due camere da letto)-*1000 persone* (mille persone)
>   *2000 studenti* (duemila studenti)-*10.000 euro* (dieci mila euro)
>   *1.000.000 abitanti* (un milione di...)-*2.000.000 dollari* (2 milioni di ...)-*10.000.000 yuan* (10 milioni di...)
> - *Papa Benedetto XVI, la I Guerra Mondiale , III/3° posto*
>   Sono aggettivi variabili 词形变化的形容词：
>   mille→mila   milione→milioni   miliardo→miliardi

milione (2)   nomi propri   mille   di   nomi comuni   aggettivi   variabili(2)   miliardo(2)

numerali cardinali 基数词	numerali ordinali 序数词
• sono aggettivi invariabili	• sono _____ (in genere e numero)
• sono _____: _____, _____, _____	• precedono i _____
• la preposizione _____ segue _____ e _____ al plurale.	• seguono i _____

XI Scrivi in lettere il numerale ordinale, ascolta la registrazione e controlla. 用字母写序数词，听录音检查。

1. Elisabetta II è la regina del Regno Unito. _____
2. La mia mansarda è all'8° piano di un palazzo. _____
3. Monica abita nel III distretto sud di Pechino. _____
4. La Roma è 2ª in classifica nel campionato. _____
5. Questa è la nostra 3ª lezione d'italiano. _____
6. Il 2005 è l'anno della morte di papa Giovanni Paolo II. _____

XII Completa con il numerale appropriato. 用适当的数词完成句子。

1. Laura fa il _____ anno del corso di laurea in lingue straniere.
2. L'affitto della villetta è di _____ euro. È abbastanza economico!
3. Preferisco la _____ casa alla prima! È molto confortevole!
4. Siamo nell'anno 2010, cioè nel _____ secolo.
5. Mio padre ha _____ anni ed è in pensione.
6. Al _____ classificato nel concorso di scrittura diamo un dizionario bilingue.

XIII Ascolta la conversazione nell'agenzia immobiliare "Italcase", segna con una X le affermazioni vere e correggi quelle false. 听这段在房地产公司"Itacase"的对话，用X标出正确的判断，改正错误的判断。

	Vero	Falso
1. L'appartamento si trova in un residence nel centro della città.	☐	☐

2. Alla signora Mazzara piacciono i piani alti. ☐ ☐
3. L'appartamento non ha l'ascensore. ☐ ☐
4. L'appartamento è al 2° piano. ☐ ☐
5. Secondo la signora Mazzara l'appartamento è caro. ☐ ☐
6. La signora Mazzara non è decisa. ☐ ☐

XIV Ascolta la conversazione e completa la tabella. 听对话填表。

zona	superficie	piano	stanze e servizi	affitto
_____ "Gli Oleandri" in _____			___ camere _____ _____ _____	_____ euro

XV Ascolta di nuovo e numera le domande nell'ordine in cui le senti. 再听一遍，按听到的顺序给问题标上数字。

1. Quanti metri quadrati misura? ☐
2. A quale piano si trova l'appartamento? ☐
3. E quanto costa l'affitto? ☐
4. Quante stanze da letto ha? ☐
5. In quale zona si trova? ☐
6. Ma quanti bagni ci sono? ☐

XVI Lavoro di coppia. Abbinate alle foto gli annunci sul sito *"Cerchi casa?"* e, a turno, fate queste domande. 2人练习。将照片与"cerchi casa?"网站的广告连线，互相问这些问题。

1. Quanti metri quadrati è l'appartamento di Lecce? _____
2. A quale piano è, e quante stanze ha? _____
3. Quanti anni ha il casale e quanto è grande? _____
4. Qual è il costo di vendita del casale? _____
5. Quanto costa l'affitto dell'appartamento di Roma? _____
6. A quale piano si trova il bivano di Milano? _____
7. Quanti metri quadrati misura? _____
8. Quant'è il costo dell'affitto? _____

Ⓐ

Centro storico Lecce: appartamento in affitto. Nella centrale via Garibaldi affittasi 2° piano appartamento ristrutturato, 120 mq, luminoso, doppio ingresso, cucina, 2 servizi, 2 camere da letto, balcone, box-auto. 550 euro, comprese le spese condominiali. Contattare il signor De Matteis questo indirizzo e-mail: fdematteis@yahoo.it

Ⓑ

Casale rustico in vendita, zona Arezzo. In provincia di Arezzo, antico casale dell'800, semi ristrutturato, su 3 livelli di circa 250 mq. con terreno coltivabile nella campagna toscana, al confine con l'Umbria, vendesi 500.000 euro.

Roma, piazza Navona. Affittasi breve periodo in palazzo signorile elegante appartamento arredato con 2 camere da letto, bagno e servizi. 5° piano, termo-autonomo, zona piazza Navona. 800 euro trattabili. Telefonare a: Dott. Francesco Lo Valvo (cell. 3490861243).

Bivano-Milano. Comodo bivano, 4° piano, cucinino+bagno con doccia e doppio servizio, terrazza coperta abitabile di mq. 110. Giardino condominiale, ascensore, zona università. 430 euro.

N.B. 注意

affittasi/vendesi appartamento → si affitta/si vende appartamento.
affittansi/vendonsi appartamenti → si affittano/si vendono appartamenti

- I costrutti sopra, detti del "si passivante", hanno significato passivo e sono tipici del linguaggio formale-commerciale. 上面的结构，被称为"起被动作用的si"，有被动意义，是典型的正式的商业用语。

XVII Leggi le seguenti situazioni, abbinale agli annunci sul sito "*Cerchi casa?*" e motiva la tua scelta. 读下列情景，与"cerchi casa?"网站的广告连线，并解释为什么这样选。

1. Due studentesse cercano un appartamento da dividere. Possono spendere fino a 200 euro. ☐
2. Una giovane coppia cerca una casa in centro in affitto. ☐
3. Due turiste inglesi cercano un appartamento in affitto per una breve vacanza in Italia. ☐
4. Un famoso attore americano cerca un rustico d'epoca dove poter vivere in assoluta privacy. ☐

XVIII Completa le frasi con i seguenti verbi. 用下列动词完成句子。

pagare   costare   spendere   cercare   vendere   affittare

1. Io e la mia nuova collega _____ una mansarda in affitto.
2. Tu e Luca quanto _____ per l'affitto?
3. Non _____ molto per il riscaldamento della nostra casa.
4. L'agenzia immobiliare di via Giulio Cesare _____ appartamenti semiarredati a 1.200 euro al mq. Un vero affare!
5. La mia vicina di casa _____ camere a impiegati e studenti.
6. Le case in vendita nelle grandi città _____ molto.

XIX Queste sono le risposte di un dialogo. Quali sono le domande? 这些是一段对话的回答。应该如何提问呢？

1. _____? No, si trova in centro, in via Cavour.
2. _____? Ci sono 2 camere da letto, soggiorno e servizi.
3. _____? Misura 110 mq.
4. _____? Pago 460 euro.
5. _____? È al 3° piano e non c'è l'ascensore.
6. _____? No, pago l'affitto e, naturalmente, luce e acqua.

XX Lavoro di coppia. Decidete chi siete-Studente A/Studente B-e fate un dialogo. Lo Studente A rimane in questa pagina e guarda le informazioni sotto. Lo Studente B va all'Appendice a pag 175. 2人练习。决定你们谁是学生A，谁是学生B，进行一段对话。学生A参看下面的信息，学生B看附录175页。

- Studente A: sei interessato a prendere un appartamento in affitto. Fai domande allo Studente B e annota le risposte.

学生A：你想租一间公寓，向学生B提问并记下回答。
1. mq? _____   2. piano? _____   3. balcone? terrazza? ascensore? _____
4. riscaldamento? _____   5. zona? _____   6. costo? _____

> Foggia-attico al 7° piano con ascensore, termo-autonomo, mq. 85, e veranda di mq. 20, bagno e lavanderia (ampio salone, cucina abitabile, camera da letto, 2° bagno e ripostiglio) vendesi in zona commerciale. €180.000

XXI Lavoro di coppia. A turno, fate domande sulle vostre abitazioni e rispondete. Chiedete dei seguenti. 2人练习。互相问对方的住房情况并回答。围绕下面几点提问。
- grandezza (mq)   piano   costo dell'affitto o di vendita

XXII Scrivi un annuncio per vendere o affittare il tuo appartamento. Segui gli esempi dati. 写一则广告，卖出或租出你的公寓。仿照前面给出的例子。

XXIII Paul cerca un piccolo appartamento vicino all'università. Per l'affitto può spendere circa 200 euro. Qual è il suo annuncio e perché? Paul要在大学附近找一间小公寓。他可以付200欧元左右的租金。哪一个是他的广告？为什么？

A) Studentessa universitaria cerca posto-letto zona centro. Max 150 euro.

B) Famiglia con 3 persone causa trasferimento cerca bilocale arredato in zona stazione centrale.

C) Cercasi camera ammobiliata in famiglia zona Liceo scientifico "A. Volta" o università.

D) Cerco monolocale da dividere con studente italiano vicinanze università. Max 200 euro.

XXIV Tu e il tuo compagno/la tua compagna cercate un nuovo alloggio nella città in cui abitate: scrivete l'annuncio. 你和同学要在你们生活的城市找一个新住处：写一则启事。

Unità 3

"Mobili e altro"
"家具和其他"

I Abbina le parole agli oggetti e ai mobili nelle foto e memorizzale. Quante ne ricordi? Verifica con il tuo compagno/la tua compagna. 将词汇与照片中的物品及家具连线，记住这些词。你能记住多少？同学之间互相检查。

il bidet ☐	la cucina a gas ☐	il lavello ☐	il divano ☐	il portaombrelli ☐
il tavolo e le sedie ☐	il comodino ☐	l'armadio ☐	lo specchio ☐	la cassapanca ☐

II Dove mettere gli oggetti e i mobili sopra? Scegli la colonna appropriata. 上面的物品和家具放在哪里？选择合适的栏填空。

nella cucina	nel bagno	nella camera da letto	nel soggiorno	nell'ingresso
....	....	....	....	....
....	....	....	....	....
....	....	....	....	....
....	....	....	....	....

III In quali stanze della tua casa si trovano questi oggetti? 这些物品在你家里的哪些房子里？

il tappeto   il frigorifero   la lavatrice   il letto   la poltrona   il lavabo   il tavolino basso
la scrivania   il camino   la credenza   la lampada   la libreria   la scarpiera   il quadro   la mensola

V Abbina le descrizioni alle foto. 将描写与照片连线。

1   2   3   4

a. La lampada è sulla scrivania *davanti alla* libreria. ☐
c. I quadri sono alle pareti *sopra* il camino. ☐
e. Il frigorifero *è accanto* alla lavatrice. ☐
g. Il tavolo è *al centro* della stanza. ☐
i. Il tavolo e le sedie sono *di fronte alla* lavatrice. ☐

b. Il lavello è *sotto* la finestra. ☐
d. Il televisore è *vicino al* camino. ☐
f. La libreria è *dietro* la scrivania. ☐
h. Le sedie sono *attorno al* tavolo. ☐
j. La cucina è *tra* il frigorifero *e* il lavello. ☐

Avverbi 副词		Aggettivi 形容词	
sotto	sopra	vicino a	lontano da
prima (di)	dopo	lungo	secondo
presso	oltre	Locuzioni 短语	
dietro (a)	davanti (a)	di fronte a…	al centro di…
dentro	fuori (di)	nel mezzo di…	tra…e
accanto (a)	intorno/attorno(a)	a sinistra di…	a destra di…

👁 Grammatica: le preposizioni improprie e le locuzioni prepositive
语法：（本身非前置词而）作前置词用的词与前置词短语

- Le preposizioni improprie sono avverbi e aggettivi usati come preposizioni. Confronta:
  （本身非前置词而）作前置词用的词是指副词和形容词用作前置词。比较：
  "La segretaria è *fuori*." "Sono fuori casa!"
  "L'appartamento di Luca è *vicino* all'agenzia immobiliare." "Abito vicino all'università."
- Le locuzioni prepositive sono costrutti formati da più parole, di solito con quest'ordine:
  前置词短语由多个词构成，常见的顺序如下：
  preposizione+sostantivo+preposizione 前置词+名词+前置词
  "Al centro della terrazza c'è un tavolo da giardino molto bello."

V Inserisci negli spazi la preposizione adatta. 用适当的前置词填空。

1. Il televisore è sul tavolino, _____ al divano.
2. Il bagnetto è _____ alla camera degli ospiti.
3. C'è un grande salone _____ della camera da letto.
4. _____ la scrivania non ci sono quadri!
5. La lavatrice si trova _____ la finestra.
6. Il divano sta _____ al televisore e _____ la poltrona _____ la libreria.

VI Osserva queste stanze e di' dove si trovano i seguenti. 观察房间，说出下列物品在哪儿。

| il camino | il frigorifero | il bidet | il televisore | lo specchio | il divano | la vasca da bagno |
| il tavolo e le sedie | il quadro | il lavabo | il tappeto | la poltrona | il water | |

VII Lavoro di coppia. A turno, chiedete al vostro compagno/alla vostra compagna degli arredi della sua casa e della loro posizione. 2人一组。互相问对方家里的陈设品及其位置。

Esempio: ◊ *Com'è l'arredamento della tua camera? Che cosa c'è?*
● *C'è un divano vicino al balcone,…E com'è la tua? Ci sono divani?*
◊ *No, non ci sono divani ma ci sono due poltrone. Si trovano di fronte al televisore…*

Grammatica: i nomi composti 语法：组合名词

Nell'esercizio "i" abbiamo introdotto due nomi composti: "portaombrelli" e "cassapanca". I nomi composti sono nomi formati dall'unione di più parole. Ecco le combinazioni più frequenti. 在练习"i"中，我们引入了两个组合名词："**portaombrelli**"和"**cassapanca**"。组合名词是由多个词组合在一起构成的。下面是最常见的组合。

nome + nome;   nome + aggettivo;   aggettivo + nome;   verbo + verbo;   verbo + nome.
名词+名词；   名词+形容词；   形容词+名词；   动词+动词；   动词+名词。

Osserva gli esempi 观察例子：

portaombrelli→ porta (verbo) + ombrelli (nome) / cassapanca→ cassa (nome) + panca (nome)

....

VIII Associa le parole in "A" alle parole in "B" e scrivi il nome negli spazi sopra. Se hai dubbi, consulta il dizionario o chiedi all'insegnante. 将"A"的词汇与"B"的词汇连线，在上面的空格写出名词。如果有疑问，查字典或问老师。

A

1. porta ☐
2. aspira ☐
3. cassa ☐
4. porta ☐
5. attacca ☐
6. lava ☐

B

a. stoviglie................................
b. panni....................................
c. cenere..................................
d. forte....................................
e. chiavi..................................
f. polvere................................

IX Scrivi accanto al nome le parti che lo compongono e la loro funzione grammaticale. Poi, controlla il genere dei nomi, aggiungi l'articolo e forma 6 frasi. 在名词旁写出构成名词的组成部分及其语法功能。然后，根据名词的性，加上定冠词，造6个句子。

1. portacandela → _____ + _____   2. videocitofono → _____ + _____
3. lavastoviglie → _____ + _____   4. portarifiuti → _____ + _____
5. lucidapavimenti → _____ + _____   6. stendibiancheria → _____ + _____

X Lavoro di gruppo. In gruppi di 5/6: dite se avete i seguenti oggetti e in quale stanza si trovano. 小组练习。5人或6人一组：谈谈你们是否有下面这些物品，这些物品在哪个房间。

videocitofono   portaombrelli   stendibiancheria   cassapanca   aspirapolvere   portarifiuti

Esempio: ◊ *Nella mia casa la cassapanca si trova nell'ingresso, accanto al portaombrelli!*
• *Nella mia, invece, è nel soggiorno, sotto lo specchio.*
▼ *Io non ho una cassapanca a casa mia! ecc...*

XI Ascolta la conversazione tra la signora Trento e una sua amica, segna con una X le affermazioni vere e correggi quelle false. 听Trento太太与朋友之间的对话，用X标出正确的判断，改正错误的判断。

	Vero	Falso
1. Il cucinino misura 1.60 m x 3.00 m ed è comunicante con la saletta.	☐	☐

2. Il corridoio è lungo 4.50 m x 5.00 m. ☐ ☐
3. Lo studiolo è tranquillo perché dà su un cortiletto interno. ☐ ☐
4. La camera per gli ospiti è per gli amici di Roma della signora Trento. ☐ ☐
5. Ci sono due bagni nella villetta: uno grande e uno piccolo. ☐ ☐
6. Il bagnetto con la doccia è di fronte alla camera per gli ospiti. ☐ ☐

XII Ascolta di nuovo e numera le descrizioni nell'ordine in cui le senti. 再听一遍，按听到的顺序给下面的描写标上数字。

1. La camera da letto è in fondo al corridoio, sulla sinistra. ☐
2. C'è una saletta appena entri nella villetta. ☐
3. Appena entri, sulla sinistra, c'è il cucinino. ☐
4. Il bagno è nel corridoio, di fronte alla camera da letto, sulla destra. ☐
5. Lo studiolo è nel corridoio, sulla destra. ☐
6. Il soggiorno è sulla sinistra, accanto al cucinino. ☐

⚠️ N.B. 注意

"sulla sinistra", "sulla destra", "in fondo a" sono altre locuzioni prepositive di luogo usate per descrivere un ambiente nei particolari. "sulla sinistra", "sulla destra", "in fondo a" 是其他地点前置词短语，用于描写环境的细节。

XIII Lavoro di coppia: disegnate la piantina della villetta della signora Trento, confrontatevi e, a turno, fate domande. Usate le preposizioni di luogo. 2人练习：画出Trento太太的小别墅的平面图。对比并互相提问，使用地点前置词。

Esempio: ◊ *Cosa c'è nel corridoio, sulla sinistra?*
● *C'è la camera da letto.*
◊ *E dove si trova il soggiorno?*
● *È sulla sinistra, appena entri, vicino al cucinino.*

XIV Lavoro di gruppo. In gruppi di 4/5: pensate alla vostra casa ideale e, a turno, fate domande e descrivetela nei particolari. 小组练习。4人或5人一组：想想你们理想的房子是什么样的，轮流提问并详细描述。

👁 Grammatica: i nomi alterati 语法：派生名词

I nomi alterati si formano con un suffisso che si aggiunge al nome primitivo. Eccone alcuni:
派生名词由名词词根加上后缀构成。下面是几个后缀：
-ino, -etto -olo per i diminutivi e danno l'idea di piccolo. 缩小词，表示"小"。
-uccio, -uzzo per i vezzeggiativi e danno l'idea di grazioso, piacevole. 表昵称，有"优雅、愉快"的意思。
-one, -ona, -otto per gli accrescitivi e danno l'idea di grande, grosso. 增大词，表示"大、粗"。
-accio, -aglia, -astro per i dispregiativi o peggiorativi e danno l'idea di brutto e spiacevole.
表轻蔑或贬义，带有"丑"和"厌恶"的意思。

XV Completa le descrizioni delle immagini sotto con il suffisso adatto. 给下面的图片填上适当的后缀。

casa

casetta

casaccia

casina

strad_____   strad_____   palazz_____   palazz_____   porton_____   porton_____

XVI Trova i corrispondenti nomi primitivi. 找出原先的名词。

1. tavolaccio _____   2. cucinino _____   3. studiolo _____   4. cortilaccio _____   5. bagnetto _____
6. villona _____   7. salone _____   8. balconcino _____   9. terrazzino _____   10. cameretta _____

XVII Scegli almeno 5 dei nomi sopra e fai frasi che siano vere per te. 选择上面列出的至少5个的名词，根据你的真实情况造句。

XVIII Leggi le frasi e inserisci il nome alterato. Se hai dubbi, consulta il dizionario o chiedi all'insegnante. 读句子，填派生名词。如有疑问，查字典或问老师。

1. Nel soggiorno c'è un _____ a 2 posti. (*piccolo, grazioso divano*)
2. Il televisore e il videoregistratore sono su un _____ antico. (*piccolo, grazioso mobile*)
3. Nella camera da letto di zia Luisa c'è una vecchia _____. (*grande, brutta poltrona*)
4. A Lara piace dormire nel _____ dei suoi genitori. (*grande letto*)
5. La cucina della mia vicina di casa ha un tavolo vecchio e 4 _____. (*brutte sedie*)
6. Nel bagno ci sono tre _____ sul pavimento. (*piccoli, graziosi tappeti*)

XIX Lavoro di coppia. Descrivete le vostre abitazioni nei particolari e usate, per quanto possibile, i nomi alterati. 2人练习。详细描述你们的住房，尽可能多地使用派生名词。

XX Come arredare la casa? Associa le immagini ai materiali, alle forme e ai colori. 你们如何布置房子？将图片与材料、形状及颜色连线。

Di che materiale è?

1 di/in ottone ☐   2 di/in vetro ☐   3 di/in legno ☐   4 di/in plastica ☐   5 di/in pelle ☐   6 di/in stoffa ☐

Di che colore è?

1 arancione ☐   2 blu ☐   3 giallo ☐   4 beige ☐   5 rosa ☐   6 viola ☐

Di che forma è?

1 ovale ☐   2 quadrato ☐   3 rettangolare ☐   4 rotondo ☐   5 ad angolo ☐

"Casa, dolce casa..." **Modulo 3**

 Grammatica: gli aggettivi indicanti colore e forma e loro posizione
语法：表示颜色和形状的形容词及其位置

Osserva le seguenti frasi e rispondi. 观察下列句子，回答问题。
"La mia amica Ilaria ha nella sua camera due portafoto quadrati rossi."
"Non mi piacciono questi tavolini rotondi viola!"
- Gli aggettivi indicanti il colore precedono o seguono quelli indicanti la forma?
  表示颜色的形容词在表示形状的形容词之前还是之后？

N.B. 注意
- in genere, l'aggettivo segue il sostantivo. 通常形容词在名词之后。
- l'aggettivo può precedere il sostantivo per ragioni di enfasi, stile o per esprimere una maggiore soggettività. 为表强调、风格或主观性，形容词可以放在名词的前面。

XXI Leggi le frasi e completa gli spazi con le parole adatte. 读句子，用适当的单词填空。

1. Nel loro soggiorno c'è un tavolo ov_____ di ot_____ e e ve_____.
2. Mi piacciono i divani grandi ad an_____ in pe_____ bi_____.
3. Nel salotto abbiamo un tavolo ro_____ di le_____ scu_____.
4. A Carla piacciono le mensole di ve_____ con i vasi cinesi b_____.
5. Nella mia terrazza ci sono quattro sedioline ar_____ in pl_____.
6. Una scala a chiocciola di ve_____ vi_____ porta al piano di sopra.
7. Sul copriletto ho due cuscini ro_____ di st_____ agia_____.
8. Alberto e Chiara cercano due vassoi qu_____ r_____ in pl_____.

XXII Forma frasi con le parole date in ordine sparso. 用这些没有先后顺序的单词造句。

1. esserci/poltrona/pelle/salone/mio/marrone. _____
2. non/studio/piacere/lilla/casa/scaffali/alto/Maria/io. _____
3. essere/bagno/pareti/mia/casa/giallo/stupendo. _____
4. rettangolare/trovarsi/miei/libri/nero/tavolo? _____
5. camera da letto/armadio/legno/essere/chiaro/mia! _____
6. cercare/ovale/specchi/due/piccolo/noi. _____

 XXIII Ascolta la conversazione, segna con una X le affermazioni vere e correggi quelle false. 听对话，用X标出正确的判断，改正错误的判断。

- **La signora Trento**

	Vero	Falso
1. vuole sistemare i mobili come nella vecchia casa.	☐	☐
2. vuole mettere il letto accanto alla porta verso il balcone.	☐	☐
3. vuole mettere l'armadio accanto al letto.	☐	☐

- **I signori Trento**

	Vero	Falso
1. vogliono mettere il letto nuovo d'ottone sulla parete di destra della camera per gli ospiti.	☐	☐
2. vogliono sistemare i due divanetti blu di pelle nello studio di fronte alla scrivania.	☐	☐
3. vogliono spostare il divano vecchio nella sala da pranzo.	☐	☐
4. vogliono sistemare il tavolo con le quattro sedie di legno chiaro nel soggiorno.	☐	☐

XXIV Ascolta di nuovo la registrazione e annota le espressioni che i signori Trento dicono per. 再听录音，记录Trento夫妇为了表明下面的意思而用的表达方式。

1. prendere una decisione insieme   2. fare una proposta/dare un suggerimento

-come vogliamo sistemare i mobili nuovi?   -perché non ....?
....
....
....

XXV Ascolta di nuovo la registrazione e scrivi nella colonna appropriata quante volte senti queste espressioni. 再听一遍录音，在相应的栏内记下听到这些表达方式的次数。

Che ne dici?	Che ne pensi?	Sei d'accordo?	Sì, hai ragione!	Perfetto!	Ottima idea!

XXVI A quali funzioni si riferiscono le espressioni sopra? Completa gli elenchi. 上面的表达方式表示哪些功能？填表。

- chiedere un parere
  1. che ne dici?
  2. _____
  3. _____

- esprimere accordo
  a. _____
  b. _____
  c. _____

XXVII Lavoro di coppia. Fate brevi dialoghi con i seguenti suggerimenti, date motivazioni, chiedete un parere ed esprimete accordo. 2人练习。用下面的提示进行简短的对话，给出理由，问对方看法并表示同意。

- cambiare mobili vecchi/camera da letto
- prendere affitto/appartamento ammobiliato
- chiamare amica/arredamento/casa

XXVIII Completa la coniugazione del verbo "volere". 完成"volere"的动词变位。

Tempo Presente 现在时

io	_____	noi	_____
tu	vuoi	voi	volete
lui/lei, Lei	_____	loro	_____

Grammatica: "volere", verbo servile 语法："volere"辅助动词

> **Osserva le seguenti frasi tratte dal testo di ascolto e rispondi.** 观察下列听力练习中的句子，回答问题。
>
> "Voglio una sistemazione diversa dei mobili." "Dove vogliamo mettere il letto vecchio?"
> "Non voglio il letto come nella vecchia casa."
>
> - Quale elemento segue il verbo "volere": il sostantivo, il verbo o entrambi? ....
>   在动词"volere"后跟着什么词？名词、动词或是二者都可？
> - Il verbo "volere" viene usato per esprimere: 动词"volere"用来表达：
>   desiderio? 愿望 ☐   volontà? 意愿 ☐   intenzione? 意图 ☐

XXIX Formula frasi secondo le seguenti indicazioni. 根据指示造句。

Esempio: Chiedi a Pietro che cosa vuole fare domani.-"*Pietro, che cosa vuoi fare domani?*"
1. Chiedi a Laura quando vuole uscire con te. _____?

2. Chiedi al signor Verdi dove vuole l'appartamento. _____?
3. Chiedi a Chiara e Paolo che genere di mobili vogliono. _____?
4. Chiedi alla signora Rossini perché vuole cambiare casa. _____?
5. Chiedi a tua madre dove vuole sistemare lo specchio. _____?
6. Chiedi a Mario che cosa vuole fare dopo l'università. _____?

XXX Completa le frasi con la forma appropriata del verbo *volere*. 用动词volere的适当形式完成句子。

1. Paola, perché _____ cambiare casa? È così comoda!
2. Luca e Marco _____ comprare un televisore al plasma.
3. Come _____ arredare la nostra nuova casa, in stile moderno o tradizionale?
4. I miei vicini di casa _____ un appartamento moderno.
5. Alberto e il suo compagno di stanza non _____ sistemare i letti di fronte alla finestra.
6. Sentite, perché non _____ le mensole sopra il letto?

XXXI Leggi le frasi e inserisci i verbi appropriati. 读句子，填入适当的动词：*potere o volere*?

1. Stasera resto a casa: _____ guardare l'ultimo film di Giuseppe Tornatore!
2. Carla, sai dove _____ trovare un'agenzia immobiliare qui vicino?
3. Io e mio marito _____ mettere in vendita l'appartamento completamente arredato!
4. Mia figlia non _____ sistemare il computer nella sua stanza perché non c'è spazio.
5. Dove _____ comprare un buon frigorifero per la nostra cucina?
6. Paola, perché non _____ mettere il tavolo ovale nella sala da pranzo?
7. (loro) Non _____ comprare una villetta in campagna perché costa molto.
8. (noi) _____ invitare a casa i nostri amici perché adesso abbiamo un grande soggiorno.

XXXII Leggi le battute di questo dialogo in un'agenzia immobiliare e completa con i seguenti verbi. 读这段在一家房地产公司的对话，用下面的动词填空。

possiamo (2)   *vuole (2)*   *posso (3)*   *vorrei*

◊ Buongiorno.
• Buongiorno. Desidera?
◊ Cerco un appartamento in affitto in una zona centrale. Che cosa avete?
• Lei, che tipo di appartamento vuole? E con quante stanze?
◊ Vorrei un appartamento in un palazzo moderno con due stanze+servizi.
• Bene. Ecco qui...abbiamo un appartamento al 4° piano in centro ma senza ascensore.
◊ No, 1. _____ un appartamento al 1° o al 2° piano. Con due bambini piccoli non 2. _____ fare tante scale! Mia moglie 3. _____ una casa comoda anche se piccola.
• Allora...vediamo cosa c'è ...in questo momento non ci sono appartamenti di questo tipo in centro. Che ne dice di un appartamento in una zona semicentrale?
◊ Sì, non mi dispiace. Non caro, però!
• A proposito...quanto 4. _____ pagare di affitto?
◊ Mah... 5. _____ pagare sui 400, 450 euro.
• Purtroppo questo appartamento è un po' caro! Altrimenti, a questo prezzo 6. _____ cercare una villetta in campagna. Che ne pensa?
◊ Perché no? Mi piace l'idea di una villetta, magari con giardino!
• È fortunato! Ecco una villetta con piccolo giardino in residence a 500 euro, escluse le spese.
◊ Molto bene. Beh...in questo caso 7. _____ pagare anche 500 euro. Quando 8. _____ vedere la villetta io e mia moglie? Domani?
• Sì, d'accordo. A domani, allora! ArrivederLa!
◊ Arrivederci!

N.B. 注意

"vorrei", condizionale di "*volere*", si usa per esprimere un desiderio o fare una richiesta. Per le altre forme del condizionale di "*volere*" vai al "*Modulo 7*". "vorrei" 是 "volere" 的条件式，用于表达愿望或请求。"volere" 的其他条件式的变位形式见 "第7章"。

XXXIII Lavoro di coppia. Rileggete il dialogo e sostituite alle parti sottolineate le seguenti informazioni. 2人练习。再读对话，用下面的信息代替划线的部分。

- casa/pianterreno/zona commerciale
- 500/550 euro
- mansarda/periferia
- palazzo antico con ascensore/terrazzo pensile/600 euro

XXXIV Leggi questo articolo e inserisci le parole. 读文章，填词。

cassapanca   rosso   stanno   vecchi   piace (2)   legno   possiamo   loro   decidono
colori   piacciono   mettono   possono   vuole   credenze   importanti   mobili

Voglio vivere in una mansarda!

Chi non ha una vecchia soffitta con le cose 1. _____ della nonna e non 2. _____ realizzare una mansarda? Chi ha questa fortuna pensa subito all'arredamento.

Quello che ci 3. _____ di una mansarda è proprio il calore del 4. _____ delle travi a vista. Secondo l'architetto, 5. _____ partire da questa idea per l'arredamento. Tutti sanno che agli italiani 6. _____ avere una bella casa, così arredano le loro abitazioni con divani, poltrone, e altri 7. _____, sia moderni che antichi. Non dimenticano il 8. _____ buon gusto quando arredano una mansarda e scelgono divanetti a due posti, vecchie 9. _____, poltrone e librerie! A molti piace avere un'atmosfera rilassante, così 10. _____ di mettere il camino, una scelta molto utile perché 11. _____ risparmiare sulle spese di riscaldamento. Ma per una bella mansarda i 12. _____ giusti per le pareti e gli oggetti di arredo sono molto 13. _____. Le giovani coppie preferiscono, in genere, colori vivaci come l'azzurro chiaro, l'arancione o il 14. _____ scuro perché creano un contrasto gradevole con le pareti. Alle coppie mature, invece, 15. _____ i colori tenui. Molti giovani 16. _____ anche una bella 17. _____ nell'ingresso oppure una credenza antica di legno scuro perché 18. _____ molto bene con le travi a vista. E così il sogno di avere una bella casa diventa realtà!

testo adattato di un articolo da "*Donna Moderna*"

XXXV Lavoro di coppia. Immaginate di volere arredare il vostro nuovo appartamento. Descrivete al vostro compagno/alla vostra compagna gli oggetti da mettere. 2人一组。想象一下，你们要布置自己的新公寓。给同学描述要放的物品。

Esempio: ◊ *Come vuoi arredare il tuo appartamento?*
● *Nel soggiorno voglio mettere un tavolo ovale di legno chiaro, un divanetto in pelle a due posti, ... E tu?*
◊ *Io, invece, nel soggiorno preferisco mettere un tavolo quadrato in ottone, due poltrone...*

XXXVI Lavoro di coppia. Tu e il tuo compagno/la tua compagna dividete un monolocale. Guardate la piantina e discutete come sistemare questi mobili e oggetti. 2人练习。你和同学合住一间单人公寓。看平面图，讨论一下怎样布置家具和物品。

| 2 letti | la scrivania | la poltrona | 2 sedie | il televisore | il computer |
| 2 scaffali | il tavolinetto | il comodino | 2 lampade | 3 piante sempreverdi | |

"Casa, dolce casa..." **Modulo 3**

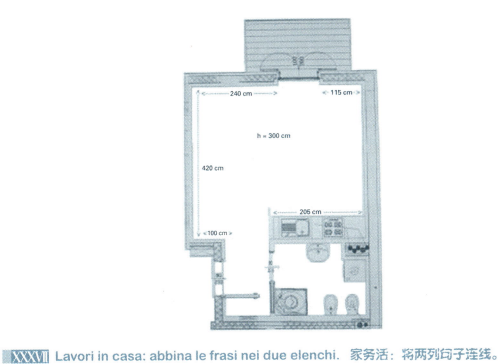

XXXVII Lavori in casa: abbina le frasi nei due elenchi. 家务活：将两列句子连线。

1. Telefono all'idraulico. ☐
2. Penso di mettere le tende. ☐
3. Voglio il numero di cellulare dell'elettricista. ☐
4. La stufa elettrica consuma troppo! ☐
5. Perché non chiami un imbianchino? ☐
6. Non voglio spendere molto! ☐

a. perché c'è troppa luce nel salone!
b. la lavatrice non funziona!
c. Sai quanto vuole il muratore?
d. perché la caldaia è rotta!
e. Non posso pitturare da solo i muri della camera dei ragazzi!
f. Vogliano accendere il camino?

👁 Grammatica: la congiunzione "se" e il periodo ipotetico di I tipo (1)
语法：连词"se"和第一类条件主从句（1）

> Si chiama "periodo ipotetico" l'insieme di due frasi che esprimono una condizione (proposizione subordinata) e un fatto o una conseguenza (proposizione principale). La congiunzione "se" introduce la proposizione subordinata. 所谓"条件主从句"是指两句话同时使用，一句表示条件（从句），一句表示结果（主句）。连词"se"引出从句。
>
> se +presente | +presente
> Esempio: "Se metti l'annuncio sul giornale, puoi trovare casa!"
> ↓   ↓
> condizione 条件   fatto/conseguenza 事实/结果
> (proposizione subordinata) 从句   (proposizione principale) 主句

XXXVIII Chi può risolvere questi problemi? Collega le frasi con la congiunzione *se* e usa i nomi dati. 谁可以解决这些问题？用连词"se"连接句子，并使用所给的名词。

elettricista   negoziante   vicina di casa   imbianchino   parente   idraulico

1. stufa elettrica non funzionare/(tu) potere telefonare: _____.
2. potere riparare doccia del bagno/arrivare: _____.
3. muri soggiorno essere sporchi/perché(lei) non chiamare: _____?
4. (voi) volere cambiare cucina a gas/potere telefonare: _____!
5. ...potere dare acqua piante/(noi) essere in vacanza: _____.
6. miei genitori essere soli/(io) potere chiamare: _____.

95

XXXIX Completa le seguenti condizioni e fai frasi che siano vere per te. 在下列条件从句后，根据你的真实情况，完成句子。

1. Se il telefono di casa non funziona, ...
2. Se nella mia camera non c'è la connessione-Internet, ...
3. Se il padrone di casa aumenta l'affitto, ...
4. Se il riscaldamento centralizzato costa molto, ...
5. Se nella nuova casa manca il garage, ...
6. Se i vicini di casa non sono gentili, ...

 XL Lavoro di gruppo. Intervista tre compagni, chiedi chi in famiglia fa le seguenti cose e completa la tabella. Riferisci alla classe in plenaria. 小组练习。采访三名同学，问谁在家里做下面的家务，填表。告诉全班采访的结果。

Le faccende di casa				
• lavare la biancheria				
• stirare la biancheria				
• pulire il pavimento				
• portare la spazzatura nei cassonetti				
• spolverare i mobili				
• lavare i piatti				

XLI Ancora sulle abitazioni! Rispondete alle seguenti domande. 还是与家居有关！回答问题。

1. Hai una seconda casa in campagna, in montagna o al mare?
2. Hai mobili moderni o antichi, magari dei tuoi nonni o bisnonni?
3. Il pavimento delle stanze è con le piastrelle, il parquet o il marmo?
4. Le pareti delle stanze sono dipinte o incartate?
5. Fai le pulizie di casa o hai la domestica?
6. La tua casa è nello stile tradizionale del tuo Paese?

XLII Lavoro di gruppo. In gruppi di 4/5, parlate dei seguenti argomenti. 小组练习。4人或5人一组，谈论下列话题。

- l'arredamento della vostra casa
- lo stile di arredamento preferito
- il costo delle case oggi nella città dove vivete
- le principali differenze tra le case del vostro Paese e le case italiane

"Casa, dolce casa..." Modulo 3

L'angolo della pronuncia
发音角

1 [l] , r [r]

I Ascolta le parole e ripeti. 听单词，跟读。

lavabo   letto   limone   lontano   luminoso   tavolo   mobile   molto   televisore   piacevole
radio   reggiano   rimanere   rosa   rumoroso   amore   barista   centrale   frigorifero   scrivania

II Ascolta le seguenti opposizioni [l]/[r] e ripeti. 听下面[l]/[r]的对比，跟读。

lana/rana   male/mare   mulo/muro   alto/arto   pela/pera   falò/farò   gala/gara

III Ascolta le parole e classificale nella tabella secondo il suono. 听单词，根据发音分类。

[l] inizio di parola 在单词开头	[l] interno di parola 在单词中间	[r] inizio di parola 在单词开头	[r] interno di parola 在单词中间

IV Pronuncia delle doppie 双辅音的发音：[ll]/[rr]

Ascolta le parole e ripeti: 听单词，跟读：

fratello   giallo   tabella   sorella   sgabello   lilla   villino   ombrello   porcellana   castello
terrazzo   arrogante   corridoio   arredare   terreno   errato   irritante   orribile   ferro   marrone

V Ascolta le seguenti opposizioni [l]/[ll]-[r]/[rr] e ripeti. 听发音[l]/[ll]-[r]/[rr]，跟读。

ala/alla   sera/serra   pala/palla   bara/barra   caro/carro   bela/bella   poro/porro

VI Trova il significato per ciascuna di esse: consulta il dizionario o chiedi all'insegnante. 找出每个单词的意思：查字典或问老师。

Scheda grammaticale riassuntiva 语法概要卡片

- **"C'è", "Ci sono"**

  "Nell'appartamento c'è il doppio servizio ma non c'è la lavanderia."
  "Ci sono due camere e il ripostiglio." - *"C'è la camera per gli ospiti nella villetta?"*

- **Il verbo servile "potere"**

  "Possiamo invitare i nostri amici." - *"Non posso mangiare in cucina perché è piccola."* - *"Potete parcheggiare la vostra auto per strada?"*

  1. Il verbo *"potere"* è seguito dall'infinito e indica possibilità o impossibilità (nella forma negativa) di fare qualcosa.

  2. *"potere"* si usa per chiedere un *"permesso"* o per fare una *"richiesta"*.

- **Il verbo servile "volere"**

  "Voglio una sistemazione diversa dei mobili." - *"Vuoi mettere il letto vecchio nella camera degli ospiti?"* - *"Non voglio il letto come nella vecchia casa..."*

97

- Il verbo *volere* è seguito sia dall'infinito del verbo che dal complemento oggetto e ha il significato di *avere voglia, desiderare, avere intenzione*.

- **Le preposizioni proprie: semplici vs articolate**

    "Abito in una piccola mansarda." - "Nel bagno non c'è la doccia."

    - Ricorda che la preposizione *con* è ormai raramente unita all'articolo. Le preposizioni *per, fra, tra*, sono sempre separate dall'articolo.

- **Le preposizioni improprie**

    "La lampada è sulla scrivania davanti alla libreria." - "Il televisore è vicino al camino."

    "Il bagno è nel corridoio, di fronte alla camera da letto, sulla destra."

    - Sono formate da *avverbi, aggettivi e locuzioni prepositive* e sono, in genere, seguite dal sostantivo.

- **I nomi composti**

    "Nella mia casa la cassapanca si trova nell'ingresso, accanto al portaombrelli."

    - Il passaggio dal singolare al plurale di un nome composto avviene secondo regole che dipendono dalla natura della parola stessa. Per un corretto uso del plurale consulta il dizionario.

- **I nomi alterati**

    "Lo studiolo è tranquillo perché dà su un cortiletto interno." - "Ecco, finalmente una villetta tutta mia! Ho qui la piantina!"

    - L'uso dei diversi suffissi serve a dare sfumature di significato alle parole.

- **I numerali cardinali da 100 a 1. 000. 000**

    "L'appartamento misura 120 (centoventi) mq." - "L'affitto dell'appartamento a Roma costa 1.300 (milletrecento) euro." - "Il prezzo di vendita del casale è di 500.000 (cinquecentomila) euro."

    - I numerali cardinali sono invariabili. Eccezioni: *mille/mila, milione/milioni, miliardo/miliardi*

- **I numerali ordinali**

    "La mia mansarda è all'8° (ottavo) piano." - "Questa è la nostra 3ª (terza) lezione d'italiano." - "Siamo nel XXI (ventunesimo) secolo."

    - I numerali ordinali sono aggettivi che concordano in genere e numero con i nomi cui si riferiscono.

- **Gli aggettivi indicanti il colore e la forma**

    "La mia amica Ilaria ha nella sua camera due portafoto quadrati rossi!"

    "I signori Trento vogliono sistemare i due divanetti blu di pelle nello studiolo..."

    1. Gli aggettivi indicanti il colore e la forma seguono il nome cui si riferiscono.
    2. Come già detto, (cfr. "*Modulo 2*") aggettivi come *blu, viola, rosa, fucsia, ecc.* sono invariabili.

- **La congiunzione subordinante "se" e il periodo ipotetico di I tipo**

    "Se metti l'annuncio sul giornale, puoi trovare casa!"

    - La congiunzione se introduce una condizione senza la quale non è possibile un'altra azione.

Per comunicare: sintesi delle funzioni 交际用语：功能梗概

chiedere e dire dove si abita e in quale zona	"Dove abiti?" - "Abito in una casa in centro."
chiedere e dare un giudizio sull'abitazione	"Com'è il tuo appartamento?" - "È comodo e luminoso."
chiedere e dire del numero delle stanze in un'abitazione	"Quante stanze ci sono nell'appartamento?" - "Ci sono tre stanze, bagno e doppio servizio."
chiedere e dire quali confort e servizi ha un'abitazione	"C'è la camera per gli ospiti nella villetta?" - "Sì, c'è." - "Ci sono due piani nella villetta?" - "No, non ci sono. C'è solo un piano." - "C'è un terrazzo nell'appartamento?" - "No, ma c'è un balcone."
dire quali servizi mancano	"Manca l'ascensore." - "Mancano la cantina e il garage."
chiedere e dire cosa si può fare nelle stanze	"Dove puoi lavorare con il computer?" - "Posso lavorare con il computer nel mio studio." - "Puoi invitare amici nella tua nuova casa"? - "Sì, perché ho una cucina abitabile."

chiedere e dire dei costi di affitto e di vendita	"Quanto costa l'affitto?" - "Costa 500 euro." - "Quant'è il costo di vendita del casale?" - "È 500 euro."
chiedere e dire della grandezza e delle misure di un'abitazione	"Quando sei nato/a?" - "Sono nato/a nel 19..." - "Qual è il tuo anno di nascita?" - "È il 19..."
descrivere gli arredi di una casa	"Per il soggiorno voglio un tavolo ovale di legno chiaro!" - "Io, invece, nel soggiorno preferisco un tavolo quadrato in ottone."
esprimere desiderio, volontà, intenzione	"Voglio una sistemazione diversa dei mobili."
prendere una decisione insieme, fare proposte, chiedere un parere, mostrare accordo	"Mettiamo/Vogliamo mettere il divanetto a 2 posti sulla parete di sinistra?" - "Perché non mettiamo la vecchia cassapanca nell'ingresso?" - "Che ne pensi/dici?" - "Ottima idea!" - "Sì, hai ragione!" - "Perfetto!"

Laboratorio 实验室

1. Completa gli annunci con le parole appropriate. 用适当的单词填写广告。

a. Zona ce _____ vendiamo panoramico tr _____: 2 camere da letto. soggiorno, cucina, bagno, la _____, box-ca _____. Termo-autonomo. 230 euro.

b. Vicino centro co _____, spazioso ap _____ di 4 vani con spaziosa ca _____ da letto, soggiorno, studio, sala da pranzo, cucina, doppio se _____, garage, terrazza a _____. 500 euro mensili.

c. Verde ca _____ veneta ve _____ casale '800 a 3 pi _____, completamente ar _____ e ri _____ con ampio gi _____, box-ga _____. 600.000 euro tr _____.

2. Queste sono le risposte: fai le domande con *quanto, quanti, quante*. 这些是回答，用quanto，quanti，quante提问：

a. _____ ? Costa 400 euro.
b. _____ ? È 90 mq.
c. _____ ? Ha due piani.
d. _____ ? Spendo 150 euro.
e. _____ ? Ci sono due vani +cucina e bagno.
f. _____ ? Misura 4.50 x 4.00.
g. _____ ? Non ci sono spese condominiali.
h. _____ ? È 1.500 euro al mq.

3. Completa le seguenti frasi con. 完成句子。

c'è   non c'è   ci sono   non ha   avete   manca (2)   mancano

a. Senta, _____ villette in vendita in questa zona?
b. Paola _____ il posto-auto nel suo condominio.
c. _____ le poltrone nel soggiorno dell'appartamento di mia sorella.
d. Nella residenza universitaria purtroppo _____ il servizio di lavanderia.
e. _____ il porta-CD sotto il televisore.
f. Nel nostro appartamento _____ il riscaldamento autonomo.
g. _____ mobili moderni o antichi nella vostra casa?
h. _____ il portachiavi sul tavolo?

4. Leggi l'e-mail di un'abbonata alla rivista d'arredamento "Abitare" e riempi gli spazi con le seguenti preposizioni e locuzioni prepositive. 读《家居》杂志的一位订阅者写的电子邮件，用下列前置词和前置词短语填空。

vicino al   nella   accanto alla   di fronte al   per   tra   a   da   dei   di (4)   sulla (2)

> Gentile redazione,
>   è la prima volta che scrivo 1. _____ una rivista 2. _____ arredamento. Ho un appartamento nuovo e non so come arredare la mia camera 3. _____ letto perché non è grande e ho molti mobili. La stanza misura 4.00 m x 4.80. 4. _____ parete lunga c'è un balcone grande e la porta si trova 5. _____ parete destra, 6. _____ balcone. Il letto 7. _____ 1.60 m x 1.90 è 8. _____ porta. 9. _____ letto c'è la scrivania e, 10. _____ parete sinistra c'è un armadio 11. _____ 2.60 m x 1.80 m. Non mi piace il letto 12. _____ la porta e la scrivania: non sta bene! E non c'è spazio 13. _____ una cassettiera 14. _____ mia nonna e una piccola libreria dove mettere libri e DVD!
>   Mio marito vuole una stanza bella e accogliente. Quali mobili posso spostare? E dove?
>   Grazie tante 15. _____ i consigli!
>   Cordiali saluti,
>   Aurora Rossini

5. Metti in ordine le parole e fai frasi. 将单词排序，造句。

a. storico/un/della/monolocale/centro/cerchiamo/città/nel.
b. villetta/con/periferia/mare/una/vista/vendiamo/mq/in/150/di.
c. in/molto/le/questa/costano/in/zona/vendita/case
d. per/un/studenti/spendono/di/gli/l'affitto/bivano?
e. mq/mansarde/centro/quanto/le/al/costano/vicino/al?
f. agenzie/molto/questo/in/non/immobiliari/le/vendono/momento.

6. Riempi gli spazi con le forme dei verbi *potere, sapere, volere*. 用动词potere，sapere，volere的适当形式填空。

a. (tu) _____ navigare in Internet? Allora, ecco uno dei miei siti preferiti.
b. Con un soggiorno così grande _____ invitare i nostri amici.
c. Paolo adesso _____ parcheggiare sotto casa. Non è vietato!
d. (io) Non _____ mettere la lavatrice nel doppio servizio perché è piccolo!
e. Antonio è un bravo architetto d'interni: _____ arredare le case molto bene.
f. (lui) _____ spostare il divano nero di pelle nello studio, ma a me non piace!

7. Abbina le domande alle risposte. 将问题与回答连线。

a. Dov'è il televisore? È nel soggiorno? ☐
b. Cosa ti piace della tua casa? ☐
c. Quanto spendi per l'affitto? ☐
d. Com'è l'armadio nuovo? ☐
e. Dove vuoi mettere il letto? ☐
f. Possono parcheggiare l'auto nella strada? ☐
g. Hai un divano nell'ingresso? ☐
h. Dove vogliamo mettere il tavolo?
   Che ne pensi all'angolo? ☐

1. Sì, è a due posti, di pelle blu.
2. Il terrazzo con vista sulla piazza.
3. Sì, certo! La zona è molto sicura.
4. 400 euro. Non è poco!
5. Tra l'armadio e la poltrona.
6. Ottima idea! Così possiamo guardare la TV!
7. No, è nello studio, sulla scrivania.
8. È in stile moderno, di legno chiaro.

8. Completa le frasi e scegli tra le parole in parentesi. 选择括号中的单词，完成句子。

a. Se il bivano è _____, quanto è l'affitto? (*vuoto/arredato*)
b. Il nostro _____ paga anche le spese di condominio e di riscaldamento. (*padrone di casa/inquilino*)
c. Vorrei _____ il monolocale arredato in piazza San Babila ma non posso spendere 250.000 euro! (*comprare/vendere*)
d. Non possiamo traslocare nella mansarda se è ancora _____. (*libera/occupata*)
e. Vorrei chiedere un mutuo in banca perché il costo di _____ della villetta è un po' alto. (*affitto/vendita*)
f. L'appartamento è nuovo ma si trova in _____ dove non ci sono scuole, cinema e centri commerciali. (*centro/periferia*)

MODULO 4

"Vivere in città: che stress!"

"在城市生活，好紧张！"

In questo modulo imparerai a 在本章你将学到

- parlare della propria città e dei suoi servizi
  谈论自己的城市和那里的服务设施
- descrivere la zona in cui vivi
  描述你住的地区
- chiedere e dare indicazioni stradali
  问路和指路
- parlare di mezzi di trasporto, della distanza e della durata di un tragitto
  谈论公共交通、（走）一段路程的距离和时间长短
- dire dei propri impegni, esprimere obbligo, necessità, divieto
  说说自己的事务，表达义务、需要和禁止（做什么）
- richiedere e dare un consiglio o un suggerimento
  询问和给出建议或提议

Unità 1

"QUANTO CI VUOLE PER ARRIVARE IN CENTRO?"
"到市中心要多久？"

I Lavoro di coppia. Abbinate le foto ai luoghi e, se avete dubbi, chiedete all'insegnante. 2人练习。将照片与表示地方的词汇连线，如果有疑问，问老师。

1 2 3 4
5 6 7 8

| ufficio turistico | ☐ | stadio | ☐ | museo | ☐ | biblioteca | ☐ |
| commissariato di polizia | ☐ | banca | ☐ | ufficio postale | ☐ | stazione | ☐ |

II Lavoro di coppia. A turno, chiedete quali dei luoghi e servizi sopra indicati sono vicini o lontani dalle vostre abitazioni. 2人练习。轮流问对方，上面指出的地方和服务设施，哪些离你们住的地方近，哪些离得远？

Esempio: ◊ Cosa c'è vicino a casa tua?
● C'è la banca ma non c'è l'ufficio postale.
L'ufficio postale si trova lontano da casa mia!
E tu, cos'hai vicino a casa tua?

● Ricorda l'uso della preposizione "a" e "da" in. 记住前置词 "a" 和 "da" 的用法。

| vicino a... | lontano da... |

III Preposizione semplice o articolata? Completa le frasi. 简单前置词还是缩合前置词？完成句子。

1. Quanto è lontana la tua casa _____ banca?
2. Viale Michelangelo è vicino _____ stazione.
3. Firenze non è molto lontana _____ Roma.
4. Paolo abita in centro, vicino _____ piazza Verdi.
5. Quanto è lontano l'ufficio _____ casa tua?
6. Il centro commerciale non è molto lontano _____ stadio.

IV Quali mezzi usi in città? Abbina le azioni ai verbi. 你在城市中用哪些交通工具？连接动作与动词。

1 2 3 4 5 6

| andare a piedi | ☐ | andare in/con la bicicletta | ☐ | prendere la metropolitana | ☐ |
| andare in/con la macchina | ☐ | prendere l'autobus | ☐ | prendere il taxi | ☐ |

"Vivere in città: che stress!" **Modulo 4**

V Ascolta la conversazione tra Lynn e Anna e segna con una X le affermazioni vere. 听Lynn和Anna之间的对话，用"X"标出正确的判断。

	Vero	Falso
1. Anna non deve andare a lezione.	☐	☐
2. Anna può andare a Venezia con Lynn.	☐	☐
3. Lynn non deve andare all'aeroporto.	☐	☐
4. Anna deve parlare con un suo collega.	☐	☐
5. Deve comprare i biglietti del treno per Venezia.	☐	☐
6. Deve prendere il 12.	☐	☐

VI Ascolta di nuovo e rispondi alle domande. 再听一遍并回答问题。

1. Dove deve andare Anna?
2. Chi devono incontrare Anna e il suo collega Mario?
3. Dove deve andare Lynn?
4. Cosa deve fare Anna nel fine settimana?
5. Come può andare Lynn in banca? Perché?
6. L'ufficio turistico è lontano dalla banca?
7. Come può andare Lynn all'ufficio turistico?
8. Con quale mezzo vuole andare e perché?

VII Riascolta la conversazione, numera le frasi nell'ordine in cui le senti e riempi gli spazi con *dovere* e *potere*. 再听对话，根据你听到的顺序给句子标号，用dovere和potere填空。

1. _____ prendere l'autobus oppure la metropolitana? ☐
2. poi _____ andare all' ufficio turistico... ☐
3. ma tu che cosa _____ fare? Dove _____ andare? ☐
4. _____ prendere l'autobus n. 12 oppure il 22. ☐
5. sono molto impegnata: _____ andare all'università. ☐
6. ma _____ andare a piedi all'agenzia dell'Intesa Sanpaolo. ☐
7. _____ parlare con il professor Sardo. ☐
8. Scusami, Lynn...ma oggi non _____ venire con te! ☐
9. Ma quale numero di autobus _____ prendere? ☐
10. _____ andare all'aeroporto per salutare una mia amica. ☐

VIII Completa la coniugazione del verbo "dovere". 完成动词"dovere"的变位。

Tempo Presente 现在时

io	_____	noi	_____
tu	_____	voi	dovete
lui, lei, Lei	_____	loro	_____

Grammatica: "dovere", verbo servile 语法："dovere"，辅助动词

Osserva le seguenti frasi e completa la regola. 观察句子，完成规则。
"Devo andare all'università." "Anna non deve andare a lezione." "Devo prendere l'autobus o la metropolitana?"
             assenza d'obbligo   obbligo   sapere   servile   l'infinito
- Il verbo "dovere" è un verbo _____ come "potere", "volere", _____ e precede sempre _____.
Può esprimere una richiesta di suggerimento, _____ o necessità. Nella forma negativa esprime _____.

IX Completa con *dovere* nella forma affermativa o negativa. 用dovere的肯定式或否定式完成句子。

1. Mi scusi, signora Mazzini, _____ andare in banca?
2. (noi) _____ andare a piedi in centro! Ci sono tanti autobus!
3. (loro) _____ prendere il treno per Siena ma la corriera.
4. _____ prendere la metropolitana se vuoi arrivare puntuale all'appuntamento!
5. _____ vedere i miei colleghi perché non abbiamo la riunione.
6. Con chi (io) _____ parlare?

X Riempi gli spazi con *potere, volere, dovere*. 用potere, volere, dovere填空。

1. Ho un esame importante: ecco perché non _____ andare in giro con te!
2. Mi piace andare in centro con l'autobus ma mio marito _____ andare in macchina.
3. (tu) Se _____ un casale in Toscana, _____ cercare negli annunci delle agenzie.
4. (noi) Non _____ andare a piedi: _____ prendere il taxi!
5. Lara _____ andare in vacanza da sola, se i suoi genitori _____!
6. Quanto (tu) _____ pagare per le spese condominiali?

XI Perché Lynn e Anna devono andare in questi luoghi? Ascolta di nuovo la conversazione e completa la tabella. 为什么Lynn和Anna得去这些地方？再听一遍对话，并完成表格。

all'università	in banca	all'ufficio turistico	all'aeroporto
per _____ con il professore Sardo	_____ cambiare i soldi	_____ _____ l'orario _____	_____ _____ una sua amica

Grammatica: per + infinito (l'infinito di scopo) 语法：per+infinito（目的不定式）

la frase semplice 简单句	Lynn deve andare in banca
espansione finale 表目的扩展	per cambiare i soldi

N.B. 注意

La proposizione finale indica lo scopo per cui si fa un'azione. Nella sua forma implicita si esprime con "per" e l'infinito, detto "infinito di scopo". 表目的的句子指的是发生一个行为的目的。其不确定形式用"per"和不定式表达，称为"目的不定式"。

XII Dove devi andare per fare queste cose? Abbina i nomi dei luoghi alle azioni. 你应该去哪里做这些事情？把地点名词和动作连接起来。

1. università   2. commissariato di polizia   3. museo   4. biblioteca   5. ospedale   6. ufficio postale

vedere una mostra ☐   fare una ricerca ☐   richiedere il passaporto ☐
fare un controllo ☐   fare una raccomandata ☐   assistere a una lezione ☐

XIII Completa le frasi con i verbi e i luoghi sopra indicati. 用上面的动词和地点名词，完成句子。

1. Mario si trova in _____ per _____ una ricerca su Dante.
2. Voglio andare al _____ Nazionale per vedere la mostra su Matteo Ricci.
3. Domani Afef deve essere al _____ per _____ il passaporto.
4. Sono all'_____ per _____ la raccomandata al mio direttore.
5. Per _____ il controllo medico mia madre deve rimanere in _____.
6. Per _____ alla lezione di cinese dobbiamo andare all'_____.

XIV Abbina i verbi alle espressioni nominali e segna accanto i luoghi. Poi fai frasi come negli esempi sopra. 连接动词和名词短语，并在旁边标上地点。然后仿照上边的例子造句。

1. richiedere ☐   2. comprare ☐   3. prendere ☐   4. spedire ☐   5. vedere ☐   6. avere ☐

a. la *carta d'identità*   b. *un pacco a mia sorella*   c. *i biglietti per il viaggio a Roma*
d. *la partita di calcio*   e. *in prestito un libro*   f. *informazioni sui musei di Firenze*

XV Lavoro di coppia. Abbina le parti in "A" alle parti in "B" e fai conversazioni con il tuo compagno/la tua compagna secondo il modello. 2人练习。连接"A"部分和"B"部分，仿照例句和同学进行对话。

Esempio: ◊ *Che cosa deve fare Marina oggi?*
 • *Deve andare all'ufficio postale.*
 ◊ *Come mai?/Perché?*
 • *Deve pagare l'assicurazione.*

A
1. incontrare al bar Federica ☐
2. andare da "Accessori e Moto" ☐
3. passare dalla scuola guida ☐
4. passare dalla scuola di Roberta ☐

B
a. parlare con i professori
b. fare quattro chiacchiere
c. comprare il casco per Giulio
d. rinnovare la patente

XVI Lavoro di gruppo. In gruppi di 4/5: scegliete dall'elenco tre cose da fare oggi. Il capogruppo fa domande, annota le risposte e riferisce in plenaria. 小组练习。4人或5人一组：选择你们今天要做的三件事。组长提问，记下回答，并汇报给全班。

	io _____	_____	_____	_____
casa/ ripassare appunti test d'italiano				
università/ fare fotocopie				
centro commerciale/ comprare regalo				
ufficio postale/ ritirare pacco				
banca/ pagare bollette luce e telefono				

XVII Lavoro di coppia. Decidete chi siete - Studente A/Studente B - e, a turno, dite dei vostri impegni. Sostituite le parti sottolineate con i luoghi e le loro funzioni. Scambiatevi i ruoli. 2人练习。决定你们谁是学生A，谁是学生B，轮流说出你们要做的事。用地点名词和表示地点作用的词代替划线部分。交换角色。

Esempio: ◊ *Senti, sei libero/a ora? Vuoi venire con me in centro?*
 • *Mi dispiace, non posso. Devo andare all'ospedale per fare un controllo!*
 ◊ *Allora, facciamo domani?*
 • *D'accordo!*

Studente A
• museo
• ufficio turistico
• commissariato di polizia
• università

Studente B
• biblioteca
• ufficio postale
• stadio
• stazione

XVIII Leggi l'e-mail, riempi gli spazi con dovere e inserisci questi verbi. 读电子邮件，用dovere填空，并填入这些动词。

assistere   essere puntuali   andare a prendere   ripassare

> Cara Giorgia,
>   il corso d'italiano all'università di Perugia mi piace molto ma non mi piacciono gli esami! Domani 1. _____ fare l'esame d'italiano ma non sono pronta. Anche Stavros e Charlotte 2. _____ fare l'esame. Secondo il nostro professore non 3. _____ usare né il dizionario né gli appunti. Purtroppo oggi non abbiamo molto tempo per 4. _____ perché 5. _____ correre prima all'università per 6. _____ ad una lezione importante e poi all'aeroporto 7. _____ gli studenti cinesi del progetto "Marco Polo"! 8. _____ prendere un taxi per 9. _____ !Scusami, ma 10. _____ andare via!
>   A presto!
>   Un abbraccio,
>   Michelle

XIX Scrivi un'e-mail a un amico/un'amica e dì dei tuoi impegni. Segui il modello sopra. 给你的朋友写一封电子邮件，说一说你在做的事。仿照上面的例子。

XX Ascolta di nuovo la conversazione e completa. 再听对话，完成表格。

	quanto dista/ quanto è lontano/a?	come andare?
la banca		
l'ufficio turistico		
la fermata del 22		

⚠ N.B. 注意

1 km (un chilometro) = 1000 m (mille metri)

XXI Lavoro di coppia. Usate le informazioni e fate conversazioni secondo l'esempio. Scambiatevi i ruoli. 2人练习。使用信息，仿照例句进行对话。交换角色。

biblioteca? / 1, 2 km/autobus

Esempio: ◊ *Scusa, devo andare in biblioteca. È lontana da qui?*
           • *No, non è lontana. Dista solo 1, 2 km.*
           ◊ *Posso andare con l'autobus?*
           • *Sì, certo!*

- aeroporto?/9, 10 km/metropolitana
- stazione?/3, 4 km/taxi
- centro commerciale?/1 km/bicicletta
- banca?/2, 3 km/motorino

XXII Lavoro di gruppo. In gruppi di 4/5: a turno, chiedete quanto distano dalla vostra casa i luoghi indicati nell'attività "*xxi*". 小组练习。4人或5人一组，轮流问一下你们家距离练习21中提到的地方有多远。

"Vivere in città: che stress!" **Modulo 4**

XXIII Ascolta la prima intervista e completa con questi verbi. 听第一段采访，用这些动词填空。

va (2)   andiamo   vado (2)   vengono

> Signor Mocci: Sì, diciamo che ne ho bisogno. Abito a Colle Val d'Elsa e 1. _____ a Siena per lavoro. Non 2. _____ con il treno o con l'autobus quando mia moglie e mia figlia 3. _____ con me: 4. _____ in macchina! Mia moglie 5. _____ in ospedale e mia figlia 6. _____ da una sua amica per studiare o all'università per le lezioni. È comodo andare tutti insieme in macchina invece di prendere il treno o l'autobus. Ma ci sono anche svantaggi: per esempio, non so dove parcheggiare o incontro traffico, soprattutto nelle ore di punta!

XXIV Leggi la seconda intervista e riempi gli spazi con questi verbi. Ascolta e controlla. 读第二段采访，用这些动词填空。听录音，检查。

viene   va   vado(3)   andiamo

> Signor Trento: Ho la macchina ma 1. _____ a scuola a piedi o con l'autobus; in palestra 2. _____ solo a piedi perché è vicina alla mia casa ma dal dentista, al centro di Roma, 3. _____ con l'autobus perché è lontano da casa mia. Io e mia moglie 4. _____ al centro commerciale a piedi perché ci piace camminare. Prendo il motorino per andare a scuola quando 5. _____ con me mio figlio perché, in genere, lui 6. _____ con mia moglie. Naturalmente, per non inquinare l'ambiente, preferisco usare i mezzi pubblici e fare due passi anche se ho la macchina!

XXV Di quali mezzi parlano il signor Mocci e il signor Trento? Rileggi i testi e completa la tabella. Mocci先生和Trento先生提到哪些交通工具？再读文章，完成表格。

	dove va?	con che mezzo?
• intervista 1	a Siena _____ _____	_____ _____
• intervista 2	a scuola _____ _____ _____ _____	a piedi, con l'autobus _____ _____ _____

XXVI Completa le coniugazioni dei verbi irregolari "andare" e "venire". 完成不规则动词"andare"和"venire"的变位。

💬 Tempo Presente 现在时

io _____	io _____
tu vai	tu vieni
lui, lei, Lei _____	lui, lei, Lei _____
noi _____	noi veniamo
voi andate	voi venite
loro vanno	loro _____

XXVII Completa le frasi con il verbo appropriato: andare o prendere? 用适当的动词完成句子。

andare还是prendere?

1. _____ il motorino per andare in ufficio: non mi piace l'autobus!
2. Come _____ in centro, signora Martini? _____ con l'autobus?
3. Non _____ la macchina per andare al lavoro perché non trova parcheggi.
4. _____ all'aeroporto con la metropolitana: la stazione è vicina alla nostra casa.
5. Perché non _____ con il taxi? Siamo in quattro e possiamo dividere la spesa!
6. Mi scusi, signora. Dove (io) _____ il 33? Dov'è la fermata?

XXVIII Lavoro di coppia. A turno, fate domande al vostro compagno/alla vostra compagna sui mezzi di trasporto che familiari e amici usano per andare in questi luoghi. 2人练习。同学之间互相提问：你们的家人和朋友用什么交通工具去这些地方？

ufficio   università   scuola   centro   altro?...

Esempio: ◊ *Come va Paolo/Anna in ufficio?*
- *Va con la macchina.*
◊ *L'ufficio è lontano da casa sua?*
- *No, non è lontano. Non gli/le piace prendere l'autobus.*

andare/ venire	+ a→	Roma/casa/scuola
andare/ venire	+ in→	Italia/centro/banca
andare/ venire	+ da→	Paolo/mia sorella/dal dentista

Giorgio va a casa di sua madre   Paola viene da me

 N.B. 注意

Nota la differenza tra "andare" - movimento da un luogo definito verso un altro luogo - e "venire" - movimento da un luogo vicino o lontano verso un luogo definito. (*cfr. "Scheda grammaticale riassuntiva"*) "andare"和"venire"的区别。"andare"表示从一个确定的地点向另一个地点的运动；"venire"表示从一个或近或远的地点向一个确定地点的运动。（见"语法概要卡片"）

XXIX Leggi questi dialoghi e completa con le forme appropriate di *andare* e *venire*. 读这些对话，用andare和venire的适当形式完成句子。

Dialogo 1

◊ Allora, Paolo _____ con noi?
- Scusa, dove _____?
◊ Noi _____ a Sorrento per passare la fine dell'anno.
- Mi dispiace ma non posso! Devo _____ a casa di Laura: dà una festa.

Dialogo 2

◊ Scusa, Marta _____ con te anche tua sorella?
- No, non _____. Lei resta a casa. Io _____ da sola!
◊ _____ con noi e _____ tutti insieme in campagna!

"Vivere in città: che stress!" Modulo 4

XXX Completa le frasi con la preposizione di luogo appropriata. 用适当的地点前置词完成句子。

1. Sono stanco: vado _____ casa!
2. Andiamo _____ centro a fare spese o _____ nuovo centro commerciale?
3. Andate _____ mare o _____ montagna?
4. Mia madre non sta bene oggi: non può andare _____ banca.
5. Come vai _____ Firenze _____ Siena, con il treno o in autobus?
6. La signora Rossi va a cena _____ sua amica Carla.

XXXI *andare* vs *venire*: riempi gli spazi con i verbi appropriati. *andare* vs *venire*. 用适当的动词填空。

1. (io) _____ in ufficio con la macchina, non con l'autobus.
2. Andrea è uno studente italiano: _____ da Genova.
3. Noi _____ all'università. Non _____ con voi!
4. Perché non _____ a cena con noi? Siete impegnati?
5. Anna, _____ dalla palestra? E ora _____ a casa?
6. Ai miei genitori piace _____ al museo. È così interessante!

XXXII andare e venire e l'uso dei pronomi tonici. Completa i dialoghi, ascolta e controlla. andare和venire以及重读宾语代词的用法。完成对话，听录音，检查。

Dialogo 1

◊ Senti, Martina...noi _____ a teatro.
● Si, va bene.
◊ Tuo fratello deve _____ in palestra, vero?
● Credo di sì.
◊ Vuoi _____ con _____?
● No, _____ con _____!

Dialogo 2

◊ Silvia, dobbiamo tornare a casa: _____ i Rossi da _____!
● Davvero? Se i loro figli restano a casa, posso _____ io da _____. Che ne dici?
◊ Ottima idea! Ma _____ a casa da sola o con Piero?
● Non ti preoccupare! _____ con _____.

XXXIII Rispondi alle seguenti domande. 回答下列问题。

1. Dove vai stasera? Da un amico o in un locale?
2. Come vai a casa? A piedi o usi un mezzo?
3. Come vieni all'università/a scuola?
4. Vieni a casa mia ora o vengo io da te?
5. Dove vai a prendere il caffè?
6. Dove vai per un controllo medico? Dal medico o in ospedale?

XXXIV Abbina le espressioni di tempo ai corrispondenti minuti, poi le frasi in "B" alle immagini e rispondi alle domande. 连接时间表达法与对应的分钟数，再连接B中的句子与图片，然后回答问题。

1 2 3 4

A

1. un quarto d'ora ☐   a. 30 minuti
2. mezz'ora ☐   b. 45 minuti
3. tre quarti d'ora ☐   c. 60 minuti
4. un'ora ☐   d. 15 minuti

B

a. "*Sono le 3.15. Abbiamo una pausa alle 5.00. Vogliamo fare due passi?*" ☐
b. "*Mi dispiace, non posso! Sono le 8.45 e devo vedere il direttore alle 9.00!*" ☐
c. "*Il treno è alle 12.45 e sono le 12.15. Dobbiamo fare in fretta!*" ☐

C

1. Quanti minuti mancano alla pausa? ....
2. Quanto manca all'appuntamento con il direttore? ....
3. Quanti minuti mancano alla partenza del treno? ....

XXXV Leggi il dialogo e riempi gli spazi con le parole sotto. Poi ascolta e controlla. 读对话，用下面的单词填空。然后听录音，检查。

ci vuole (3)   lontano   vicino   ci vogliono   stadio   ci metto

◊ Senta, mi scusi... dov'è lo _____?
● È in via del Fante.
◊ È _____ da qui?
● Sì, è un po' lontano.
◊ Quanto _____?
● _____ un'ora a piedi ma con l'autobus _____ venti minuti!
◊ Mi scusi, ancora un'informazione: sa dov'è il Parco della Favorita? È _____ allo stadio?
● Sì, è molto vicino.
◊ Ah, bene. Quanto _____ a piedi dallo stadio?
● Mah... io _____ dieci minuti.
◊ Grazie tante!
● Prego, di niente.

Grammatica: "volerci" e "metterci" per indicare la durata 语法：volerci和metterci表示时间长短。

> **Osserva le seguenti frasi e rispondi alle domande.** 观察下列句子，回答问题。
> "*Quanto ci vuole?*" "*Ci vuole un'ora.*" "*Ci vogliono 15 minuti.*" "*Ci metto...*"
> ● Quale posizione ha nella frase la particella "ci": prima o dopo il verbo?
> 小品词"ci"在句子中的什么位置？在动词前还是动词后？
> ● Con che cosa concordano questi verbi? ....
> 这些动词与什么进行性数配合？

Ricorda che 记住

● "metterci" si costruisce in maniera personale.
   "metterci" 以人称方式构成。
● "volerci" ha anche il significato di "richiedere" e "essere necessario".
   "volerci" 还有"要求"和"需要"的意思。

XXXVI Inserisci negli spazi la forma appropriata di *volerci*. 用volerci的适当形式填空。

1. Paola, _____ molto tempo per fare questi esercizi?
2. Quante ore di treno _____ per andare da Pechino a Xi'an?
3. _____ molto impegno per imparare una lingua straniera!
4. Mi piace molto viaggiare ma _____ troppi soldi!

5. Per richiedere la carta d'identità o il passaporto non _____ molto!
6. _____ molte ore di autobus per arrivare a Roma dalla Sicilia.

XXXVII Inserisci negli spazi la forma appropriata di *metterci*. 用metterci的适当形式填空。

1. Luisa _____ un'ora a piedi per andare in ufficio. Abita così lontano!
2. Ma quanto _____ gli studenti per arrivare in classe? Non sono puntuali!
3. (tu) _____ molto per venire all'università? Devo andare alla stazione!
4. Quando pensate di arrivare? Quanto _____?
5. (noi) _____ 2 minuti per andare alla stazione della metropolitana. È sotto casa!
6. Il 9 _____ un secolo per arrivare in centro! Fa tante fermate!

XXXVIII Inserisci negli spazi il verbo appropriato: *volerci* o *metterci*? 用适当的动词填空：volerci还是metterci?

1. Andrea _____ 20 minuti per arrivare all'università.
2. (noi) _____ molto per andare in macchina a Palermo.
3. Per arrivare alla stazione in pieno traffico _____ 30 minuti.
4. _____ ore per trovare un parcheggio in centro! Ecco perché prendo il motorino!
5. (loro) Quanto _____ per essere pronti? Vengono o no?
6. Non _____ mezz'ora ma un quarto d'ora per arrivare alla fermata del 24.

XXXIX Completa questi messaggi con le parole date in ordine sparso. 用下面打乱顺序的单词填空，完成这些留言。

ci vogliono   prendere(2)   davanti(2)   andare   ci metto   essere

A
Per Paolo
L'appuntamento con il professor Rossi è _____ alla nuova biblioteca. Devi _____ la metropolitana per _____ puntuale. _____ tre quarti d'ora.
Alberto

B
Per la signora De Marchi
Per _____ al nuovo centro commmerciale "La Piazza" deve _____ il 32 _____ all'ufficio postale.
È un po' lontano. Io _____ mezz'ora a piedi.
Simona Iacono

XL Metti in ordine le parole e scrivi messaggi ad amici/colleghi/familiari. 将单词排序，给朋友（同事或家人）写留言。

1. nostro appuntamento/taxi/un'ora/abitare/metterci/munipicio/Prof.Mori/perché/lontano
2. Mario/a piedi/se/conferenza/volerci/Università Bocconi/autobus/prendere/tre quarti d'ora/venire
3. cinema/venire/metterci/se/volere/prendere/15 minuti/autobus 8/potere/Sasha

NEL CAMPO DI SIENA
IL 2 LUGLIO E IL 16 AGOSTO VERRÀ CORSO
IL PALIO

XLI Lavoro di coppia. Decidete chi siete - Studente A/Studente B -, guardate la piantina di Siena e, a turno, fate la parte del turista e del passante. Seguite come esempio il dialogo dell'attività "xxxv". Lo Studente A rimane in questa pagina e lo Studente B va all'Appendice a pag 176. 2人练习。决定你们谁是学生A，谁是学生B，看锡耶纳的地图，轮流扮演游客和路人。以练习35中的对话为例。学生A用本页信息，学生B看附录176页。

Studente A

a. sei in in *piazza S.Domenico*

e vuoi andare in questi luoghi:

1. Duomo

2. Teatro dei Rozzi

b. rispondi allo Studente B

- è in *piazza del Mercato*

e vuole andare in questi luoghi:

1. Municipio/piazza del Campo

2. commissariato di polizia/via del Castoro

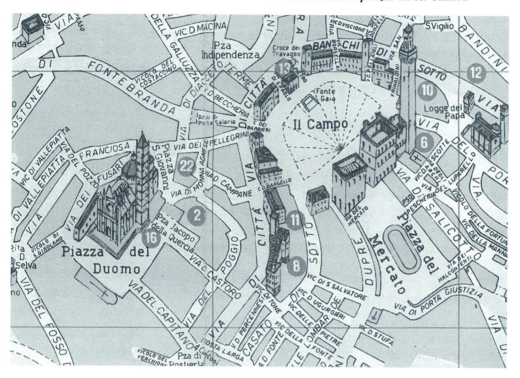

"Senta, scusi ... c'è una farmacia qui vicino?"
"劳驾，请问……附近有药店吗？"

I Quale di questi posti avete vicino alla vostra casa? Parlatene in gruppo. 你家附近有下面哪些地方？小组讨论。

1. bar centrale   2. tabaccheria   3. farmacia   4. libreria   5. edicola   6. cartoleria

II Abbina i nomi sotto alle seguenti immagini. 连接下面的名词和图片。

1   2   3   4

a. incrocio ☐   b. rotatoria ☐   c. semaforo ☐   d. traversa ☐

III Ascolta i dialoghi e completa con le indicazioni stradali. 听对话，完成指路信息。

Dialogo 1

◊ Scusa, sai dirmi se c'è un'edicola qui vicino?
● Sì, ce n'è una in piazza Verdi. Allora... _____ diritto avanti e _____ alla rotatoria. Poi _____ a destra e _____ al secondo semaforo, in piazza Verdi. _____ la piazza e _____ il viale a sinistra.
◊ Sì, bene...devo girare a sinistra.
● Poi _____ per 500 metri e _____ alla seconda traversa a destra. L'edicola è all'inizio della strada, sulla sinistra.
◊ Quindi...vado avanti per ½ chilometro e poi giro alla seconda traversa a destra.
● Sì, esatto.
◊ Grazie mille!
● Figurati, di niente.

Dialogo 2

◊ Senta, mi scusi…mi sa dire dov'è la farmacia centrale?
● Sì, certo. Allora, _____ avanti per questa strada e _____ alla prima traversa a destra.
◊ Ah, bene!
● Poi ... _____ diritto fino all'incrocio e _____ la terza a sinistra: via Garibaldi. La farmacia è all'inizio della strada, sulla destra.
◊ Dunque...vado diritto e poi giro alla terza traversa a sinistra e la farmacia è sulla destra. È così?
● Sì, giusto.
◊ Grazie tante!
● Di niente!

ce n'è + nome singolare	ce ne sono + nome plurale
C'è un bar qui vicino?	Ci sono bar qui vicino?
Sì, ce n'è uno in Via Dante. / No, non ce n'è!	Sì, ce ne sono due. / No, non ce ne sono!

N.B. 注意

Usiamo "ce n'è" - "ce ne sono" per esprimere l'esistenza di qualcosa. La particella pronominale "ne" ha valore partitivo e vuol dire "di questa cosa/di queste cose". 我们用 "ce n'è" - "ce ne sono" 表示某事物的存在。代词小品词 "ne" 表部分作用，意思是 "di questa cosa/di queste cose"。

IV Completa le seguenti frasi con: *ce n'è, non ce n'è, ce ne sono, non ce ne sono*. 用ce n'è，non ce n'è，ce ne sono，non ce ne sono完成下列句子。

1. Sono in edicola per comprare l'ultimo numero di "Impariamo l'italiano" ma _____!
2. "Vedi se ci sono autobus per tornare a casa." - "Purtroppo _____ perché è tardi!"
3. "Non trovo un bar decente qui vicino!" - "Hai ragione, _____ neanche uno!"
4. "Sai se c'è una stazione della metropolitana vicino all'università?" - "Sì, _____ una."
5. "Non vedo circolare taxi in questo momento!" - "È vero non _____!"
6. "Forse c'è una libreria nella seconda traversa a destra." - "Sì, _____ due."

V Lavoro di coppia. Fai conversazioni con il tuo compagno/la tua compagna con queste informazioni e "ce n'è", "ce ne sono". Scambiatevi i ruoli. 2人练习。用这些信息以及 "ce n'è"，"ce ne sono" 与同学进行对话。交换角色。

1. tabaccheria-vicino casa tua/no
2. cartoleria-vicino università/sì, 2
3. stanze ammobiliate-centro storico/sì, tante
4. posti letto liberi-dormitorio/no
5. fermata tram-vicino stazione/no
6. parcheggi custoditi-vicino centro commerciale/sì, 1

VI Sottolinea i verbi all'imperativo nell'attività "iii" e completa la tabella. 划出练习3中的动词命令式，完成表格。

andare	girare	prendere	proseguire
tu _____	gir-a	prend _____	prosegu _____
Lei vada	gi _____	prend-a	prosegu _____
noi andiamo	gir-iamo	prend-iamo	prosegu-iamo
voi andate	gir-ate	prend-ete	presegu-ite
Loro vadano	gir-ino	prend-ano	prosegu-ano

👁 Grammatica: il modo imperativo (forma affermativa)   语法：命令式（肯定形式）

> Osserva la tavola dei verbi sopra e segna le desinenze delle forme del "tu" e del "Lei".
> 观察上面的动词表，标出 "tu" 和 "Lei" 动词形式的词尾。
> - II persona singolare _____   III persona singolare _____
>   Confronta le seguenti frasi e rispondi alle domande. 对照下面的句子，回答问题。
>   "...vada avanti per questa strada e giri alla prima traversa..." "...va' diritto avanti e arriva fino alla rotatoria."
> - Quando usiamo la III persona: nello stile informale o nello stile formale?
>   我们用第三人称时：表非正式语气还是正式语气？
> - Che cosa esprime l'imperativo: un' indicazione? ☐   un' istruzione? ☐   entrambe? ☐
>   命令式表达什么？指示？指令？两者都有？

VII Trasforma i seguenti infiniti in imperativi di II e III persona singolare. 将下列动词不定式变成第二人称单数和第三人称单数的命令式。

	tu	Lei
1. procedere	_____	_____
2. sentire	_____	_____
3. entrare	_____	_____
4. camminare	_____	_____
5. seguire	_____	_____
6. svoltare	_____	_____

VIII Completa le frasi e scegli tra l'imperativo formale e informale. 选择命令式的正式形式或非正式形式，完成句子。

1. _____, Carlo, sai dov'è la fermata del 13? (*sentire*)
2. _____ per 500 metri e _____ i segnali stradali: non può sbagliare! (*camminare, seguire*)
3. Signorina, _____ un taxi e poi _____ a piedi per 100 metri! (*prendere, andare*)
4. _____ fino alla rotatoria e _____ nella prima traversa a destra. (*procedere, entrare*)
5. Dottor Rossi, _____ le indicazioni stradali per andare all'aeroporto! (*seguire*)
6. Se vuole andare al municipio, _____ alla prima a sinistra! (*svoltare*)

IX Metti in ordine le parole e fai frasi nello stile informale o formale. 将单词排序、造句，句子为非正式或正式语气。

1. favore/signora/questa/per/andare/da/parte!
2. diritto/ragazzi/incrocio/poi/e/all'/arrivare/proseguire!
3. per/a/camminare/per/piazza del Campo/arrivare/ ½ km/signore!
4. stradali/seguire/indicazioni/le/attenzione/ragazzino!
5. centinaio/avanti/di/farmacia/alla/metri/arrivare/per/diritto/andare/un/guarda!
6. a/andare/e/ascoltare/a/traversa/non/poi/prendere/prima/la/sinistra/destra!

X Rileggi i dialoghi sopra e completa gli spazi. 再读上面的对话，填空。

1. girare _____ prima traversa
2. proseguire _____ incrocio
3. prendere la terza _____
4. arrivare _____ rotatoria
5. continuare _____ secondo semaforo
6. attraversare _____ la piazza
7. andare _____ per questa strada
8. andare diritto _____

XI Inserisci negli spazi la preposizione o la locuzione prepositiva e usa l'articolo, ove necessario. 用前置词或前置词短语填空，需要时使用冠词。

fino a (2)   diritto (2)   per (2)   a (5)   in (2)

1. Per andare _____ via de'Tornabuoni, dobbiamo arrivare _____ semaforo?
2. Girate _____ rotatoria, continuate _____ terzo incrocio e andate _____ sinistra.
3. Devi prendere la seconda traversa _____ tua destra e non andare _____ avanti!
4. Attraversi _____ incrocio e poi vada diritto _____ viale.
5. Facciamo prima se proseguiamo _____ corso Michelangelo e non andiamo _____ centro!
6. Senta, non può andare _____ perché la strada è interrotta. Prenda la traversa _____ semaforo.

Grammatica: i pronomi indiretti atoni con i verbi servili (posizione)
语法：带有辅助动词的非重读间接宾语代词（位置）

> **Osserva le seguenti frasi e rispondi alle domande.** 观察下面句子，回答问题。
>
> 1. "Senta, mi scusi...mi può dire dov'è la farmacia centrale?"   2. "...sai dirmi se c'è un'edicola qui vicino?"
>
> - Quale posizione occupa il pronome atono nella frase 1, prima o dopo il verbo servile?
>   句1中的非重读代词在什么位置？在辅助动词之前还是之后？
> - Che posizione occupa il pronome atono nella frase 2?   句2中的非重读代词在什么位置？
> - Completa la regola e inserisci le parole. 填入单词，完成规则。
>
> *seguire   verbo   servili   infinito   pronome*
>
> Con i verbi _____ "potere", "volere", "dovere", e "sapere" i pronomi atoni possono precedere il _____ stesso o _____ l'_____. L'infinito perde la vocale finale "e" prima del _____.

XII Metti al posto giusto i pronomi personali atoni indiretti e usa i verbi in parentesi. 用括号中的动词，将非重读间接人称宾语代词放在正确的位置。

1. Dott. Rossi, Paolo non sa dov'è l'ufficio postale. _____ l'indirizzo? (*potere/dare*)
2. Ann e Ming non sanno dov'è l'università. (tu) _____! (*dovere/dare un passaggio*)

3. Avvocato Lo Brutto, mi aspetti! _____ un attimo in macchina, per favore? (*volere/aspettare*)
4. Quando sei vicino alla casa di Sandra, _____! (*dovere/telefonare*)
5. Mara, Andrea non sa come andare alla stazione. _____ quale mezzo prendere? (*potere/dire*)
6. Non lasciate la macchina qui! (io) _____ un parcheggio. (*potere/indicare*)

XIII Lavoro di coppia. Sostituite le parti sottolineate in questo scambio con le informazioni sotto e fate conversazioni secondo il modello. 2人练习。用下面的信息代替例句中的划线部分，仿照例句进行对话。

Esempio: ◊ *Scusi, dov'è il Bar del borgo?*
● *È accanto alla farmacia, in piazza Indipendenza.*
◊ *Mi scusi, ancora un'informazione: mi sa dire dov'è il Museo archeologico?*
● *Sì, certo. È accanto all'ufficio postale, in piazza Rosmini.*

1. pizzeria Napoli/vicino cartoleria/viale Dante-farmacia Conti/accanto ristorante "La Piazzetta".
2. Camera di commercio/di fronte stazione-ospedale S.Camillo/avanti, III incrocio/via Cavour
3. tabaccheria "Totip"/avanti,1/2 km/Corso Manzoni-aeroporto "Pertini"/avanti, II rotatoria
4. biblioteca "Virgilio"/vicino edicola "Il Mattino"/ viale Libertà-Municipio/di fronte cinema "Bellini"

XIV Lavoro di coppia. Decidete chi siete - Studente A/Studente B -, guardate la piantina e, a turno, chiedete e date indicazioni per arrivare ai luoghi indicati. Seguite come modello i dialoghi nell'attività "*iii*". Lo Studente A rimane in questa pagina e lo Sudente B va all'Appendice a pag 176. 2人练习。决定你们谁是学生A，谁是学生B，看地图，根据给出的目的地，轮流问路并指路。以练习3中的对话为例。学生A使用本页的信息，学生B看附录176页。

Studente A
a. sei in *piazza Unità*
e cerchi:
1. la cartoleria "Catalano"
2. il bar centrale "Frittelli"

b. rispondi allo Studente B
- è in *piazza della Repubblica*
e cerca:
1. la libreria "Vittorio" (via Verdi)
2. la pizzeria "Cristallo" (via dei Neri)

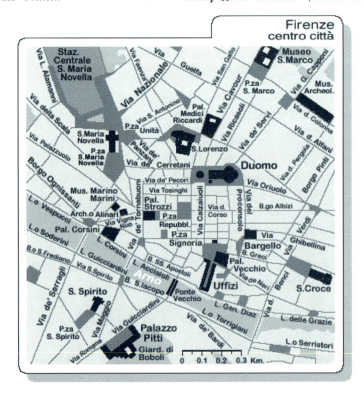

Grammatica: l'imperativo dei verbi irregolari   语法：不规则动词的命令式

> • Oltre al verbo "*andare*", i verbi *essere, avere, fare, dare, dire, salire, stare, sedere, venire* sono irregolari e all'imperativo hanno coniugazioni proprie (*cfr.* tabella sotto).
> 除了动词"andare"之外，动词*essere, avere, fare, dare, dire, salire, stare, sedere, venire*的命令式变位是不规则的（参照下表）。
> • I verbi come *spedire, pulire, finire, restituire* ecc., che fanno in "isco" alla I persona del presente, conservano "sc" nella II e nella III persona singolare dell'imperativo.
> *spedire, pulire, finire, restituire*等动词的现在时单数第一人称有"isco"，这些动词的命令式在第二人称和第三人称变位中保留"sc"。
> • I verbi in -*care* e -*gare*, per conservare il suono duro della "*c*", aggiungono "h" alla III persona singolare e alla I e III persona plurale. 以-care和-gare结尾的动词，为了保留舌根音"c"，在第三人称单数、第一人称和第三人称复数形式中，加"h"。
> Esempio: cerca, cerchi, cerchiamo, cercate, cerchino.

 Imperativi irregolari   不规则命令式

	tu	Lei	noi	voi	Loro
essere	sii	sia	siamo	siate	siano
avere	abbi	abbia	abbiamo	abbiate	abbiano
dare	da'	dia	diamo	date	diano
dire	dì	dica	diciamo	dite	dicano
fare	fa'	faccia	facciamo	fate	facciano
salire	sali	salga	saliano	salite	salgano
stare	sta'	stia	stiamo	state	stiano
venire	vieni	venga	veniamo	venite	vengano

XV Come diamo suggerimenti o avvertimenti? Completa le frasi con la forma corretta dell' imperativo dei seguenti verbi.   我们怎样表达建议或提醒呢？用下列动词命令式的正确形式填空。

> fare   essere   salire   dare   stare   venire   avere   dire

1. _____ tranquilla, signora De Marchi, e allacci le cinture di sicurezza!
2. _____ attento quando guidi, e guarda a destra e a sinistra!
3. I signori _____ presto sull'autobus, per favore! Dobbiamo arrivare alle 8.00!
4. Ragazzi, _____ attenzione all'incrocio di viale Verdi! È pericoloso!
5. _____ pazienza! Il traffico è lento nell'ora di punta, lo sai!
6. Senta, signor vigile, mi _____ se c'è un parcheggio vicino al centro?
7. Professor Rossi, _____ un passaggio in macchina alla nostra vicina di casa!
8. _____ in ufficio puntuale oppure lo _____ prima che non può arrivare alle 9.00.

XVI Inserisci la forma corretta dei seguenti verbi. 用下列动词的正确形式填空。

1. Prego, signore, _____ la Sua patente. (*favorire*)
2. Signorina Laura, se va all'ufficio postale, _____ questo pacco! (*spedire*)
3. Professor Russo, oggi _____ il Suo collega! Non sta bene. (*sostituire*)
4. Ti prego, _____ di telefonare! Non ho fretta. (*finire*)
5. Ascolti il mio consiglio: _____ di evitare le strade del centro! (*cercare*)
6. Marco, _____ il cellulare a tua sorella! (*restituire*)
7. Signora Serra, per favore mi _____ come raggiungere la stazione da qui. (*spiegare*)
8. Se a Loro non piace l'appartamento, lo _____ al nostro agente immobiliare. (*comunicare*)

XVII Associa i segnali stradali ai mini-dialoghi. 连接路标与小对话。

1　　　　2　　　　3　　　　4　　　　5　　　　6

I Dialogo
◊ Allora, quando sono all'incrocio, devo girare?
● No, non giri all'incrocio. Deve continuare! □

II Dialogo
◊ Attenzione! Non attraversi con questo traffico! Deve andare sulle strisce pedonali!
● Mi scusi, ha ragione. □

III Dialogo
◊ Dai, presto!
● Non attraversare quando il semaforo è rosso: devi aspettare il verde! □

IV Dialogo
◊ Allora, se non ricordo male, per la stazione devo prendere viale Rossini e poi girare a sinistra?
● Non prendere viale Rossini: è chiuso al traffico adesso! Devi andare diritto! □

V Dialogo
◊ Guarda un po' che fortuna! Finalmente c'è un posto libero!
● Non parcheggiare in questa zona! Non vedi il segnale di divieto? Devi trovare un parcheggio! □

VI Dialogo
◊ Quando vede questo segnale non sorpassi gli altri veicoli! Deve stare nella sua corsia. È vietato!
● Sì, certo! Devo continuare nella mia corsia. □

XVIII Come esprimere divieto e obbligo? Rileggi i dialoghi, sottolinea le forme dell'imperativo negativo e del verbo "dovere" presenti e completa. 如何表达禁止和必须？再读对话，划出命令式的否定式，以及动词"dovere"的形式，填空。

	Formale	Informale
Obbligo 必须		- devi aspettare il verde
Divieto 禁止	● non giri all'incrocio	

Grammatica: la forma negativa dell'imperativo 语法：命令式的否定形式

> Osserva le seguenti frasi e rispondi alle domande. 观察下面的句子，回答问题。
> "No, non giri all'incrocio. Deve continuare!"
> "Non attraversare quando il semaforo è rosso. Devi aspettare il verde!"
>
> ● Le due frasi hanno lo stesso soggetto? Sì/No
>   两句话的主语一样吗？
> ● Che cosa segue la negazione "non" nelle due frasi? Perché? Completa la regola dell'imperativo negativo:
>   在两个句子中，否定词"non"后接什么？为什么？完成命令式否定形式的规则：
>   tu→ non + infinito; Lei /noi /voi / Loro → non + _____
>   Rifletti sulle seguenti frasi: 思考下面的句子："No, non deve girare all'incrocio. Deve continuare!"
> ● Puoi usare il verbo "dovere" per esprimere divieto e obbligo? Sì/No
>   你可以用动词"dovere"来表达禁止和必须吗？

XIX Fai l'imperativo negativo dei verbi dati. 写出所给动词的命令式的否定形式。

1. Claudio, per favore, _____ con noi! Rimani a casa! (*venire*)
2. Ragazzi, mi raccomando, _____ al computer tutto il giorno! (*stare*)
3. Signora Rossi, _____ il treno! C'è lo sciopero dei capistazione. (*prendere*)
4. Silvia, _____ con l'autobus oggi! Prendi il taxi! (*andare*)
5. I signori clienti _____ la macchina nel parcheggio incustodito! (*lasciare*)
6. (tu) _____ senza le chiavi di casa, come al solito! (*uscire*)
7. Signorina, _____ il direttore al cellulare! Ora è impegnato. (*chiamare*)
8. I signori _____ di portare con sé i passaporti! (*dimenticare*)

XX Trasforma le seguenti frasi con dovere o con l'imperativo negativo. 用dovere或命令式的否定形式，变换下列句子。

Esempio: Non devi prendere l'autobus! Prendi il taxi!-
"*Non prendere l'autobus! Devi prendere il taxi!*"

1. Non devi andare a sinistra e poi a destra! Va' diritto avanti! _____
2. Signora, non deve scendere alla terza fermata ma alla prossima! _____
3. Per comprare il biglietto dell'autobus, non dovete andare all'edicola! _____
4. Per la stazione non prendere l'autobus 27 ma il 37! _____
5. Non attraversiamo tutto il centro! Prendiamo una traversa! _____
6. Non venite a casa tardi! Abbiamo amici a cena. _____

 XXI Lavoro di coppia. Decidete chi siete - Studente A /Studente B - e, a turno, praticate le conversazioni nello stile formale e informale. Usate "*dovere*" e l'imperativo. Lo Studente A rimane in questa pagina e lo Studente B va all'Appendice a pag 176. 2人练习。决定你们谁是学生A，还是学生B，轮流用正式和非正式的语气练习对话。用"dovere"和命令式。学生A用本页信息，学生B看附录176页。

Studente A	• rispondi allo Studente B
1. centro?	1. +andare diritto/-girare destra+girare sinistra
2. museo?	2. +proseguire strada/-arrivare semaforo/+prendere I traversa sinistra

⚠ N.B. 注意
+ (frase affermativa); - (frase negativa) +（肯定句）；–（否定句）

 XXII Leggi la conversazione tra Chris, Claire e un vigile urbano, completa gli spazi con dovere e l'imperativo. Poi, ascolta, controlla e segna i luoghi sulla piantina. 读Chris, Claire和一位交通警察的对话，用dovere和命令式填空。然后听录音，检查，并在地图上画出地点。

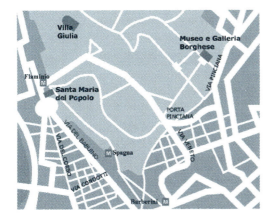

Museo e Galleria Borghese
piazzale del Museo Borghese, 5
00197 ROMA
Informazioni e prenotazione biglietti
tel. +39 06 32810
Prenotazione biglietti per gruppi
fax +39 06 32651329

◇ Senta, scusi…ci sa dire dov'è la Galleria Borghese?

● Dunque... la Galleria Borghese è in piazzale Scipione Borghese, non lontano da qui. Da Santa Maria del Popolo, dove siamo, 1. _____ prendere un mezzo. Non 2. _____ a piedi! 3. _____ con l'auto o con la metro!

▼ Io vorrei prendere il taxi. Che ne dice?

● No, non 4. _____ con il taxi! Non è conveniente: pagate tanto e poi c'è traffico!

▼ Allora, la metro.

● Ah...bene. 5. _____ prendere la linea A, a piazzale Flaminio, e scendere alla stazione di piazza Barberini. Poi, da piazza Barberini 6. _____ a piedi fino a via Veneto, il famoso viale della dolce vita. Poi, da li 7. _____ prendere il bus elettrico 116: porta proprio a Villa Borghese.

◇ Quanto tempo ci mette il bus?

● Ci mette un quarto d'ora, se non c'è traffico.

◇ Prendiamo il bus elettrico, allora! E dove 8. _____ scendere?

● Non 9. _____ alla fermata di via Pinciana! 10. _____ in via Scipione Borghese dopo due o tre fermate: comunque, chiedete al conducente o al bigliettaio.

▼ Ci scusi... allora dobbiamo comprare i biglietti sull'autobus?

● Sì, sull'autobus. Non andate in tabaccheria o in edicola perché non ne hanno.

◇ E dove prendiamo i biglietti per la Galleria?

● Dovete telefonare all'ufficio "*Informazioni e Prenotazione Biglietti*" della Galleria Borghese. Va bene?

◇ Sì, adesso è chiaro.

▼ Grazie tante!

● Prego, di niente. Buona giornata!

XXIII Riscrivi il contenuto della conversazione: riempi gli spazi, metti la punteggiatura e le lettere maiuscole, ove necessario. 重新写对话的内容：填空、加标点，需要时，将字母变成大写。

> chris e claire si _____ a santa maria del popolo a roma e chiedono informazioni ad un vigile per _____ alla galleria borghese seguono il consiglio del vigile di non andare con il taxi perché _____ un po' così vanno con la metropolitana _____ prendere la linea a piazza flaminio e scendere a piazza barberini poi _____ proseguire a piedi per via veneto e _____ sul bus 116 per villa borghese non devono _____ alla fermata di via pinciana ma in via scipione borghese per _____ i biglietti non devono andare in tabaccheria o in edicola ma _____ prenderli sull'autobus infine per _____ nella galleria borghese _____ telefonare all'ufficio informazioni e _____ i biglietti

XXIV Leggi le richieste e associale alle risposte. 读要求，并与回答连线。

1. Scusa, vado bene per i Fori Imperiali? ☐
2. Senta, sa dov'è piazza della Signoria? ☐
3. Mi scusi, può indicarmi la strada per Palazzo dei Normanni? ☐
4. Mi scusi, sa dirmi se c'è una fermata della metro vicino alla Galleria Vittorio Emanuele II? ☐
5. Senti, scusami… devo prendere il vaporetto per andare a piazza S.Marco? ☐
6. Mi scusi, cerco Castel dell'Ovo. Per dove devo andare? ☐

a. Certo! Vada diritto avanti e prenda a sinistra.
b. Mi dispiace, non lo so. Anch'io, come te, non sono di qua!
c. Sì, ce n'è una..Deve proseguire per altri 200 metri.
d. Deve andare per via Partenope, sul lungomare.
e. Certamente! Deve andare per corso Tukory e salire a sinistra.
f. No, devi solo andare per il ponte di Rialto e girare a sinistra!

XXV Sai in quali famose città d'Italia sono questi turisti? Chiedi ai tuoi compagni oppure cerca in Internet. 你知道这些游客在意大利哪些著名的城市吗？问同学或上网查。

"Vivere in città: che stress!" **Modulo 4**

 XXVI Fai uno schema e trascrivi i diversi modi per chiedere e dare indicazioni stradali.
列表，写出不同的问路和指路的方式。

Grazie alla patente a punti gli incidenti stradali diminuiscono!

In vigore dal 2003, la patente a punti compie sette anni. Come è noto, essa consiste nel penalizzare l'automobilista se viola il codice della strada. Con questo sistema ogni automobilista ha a disposizione 20 punti "a scalare" a seconda dell'infrazione; di conseguenza, fa attenzione alla guida perché l'azzeramento del bonus iniziale comporta il ritiro della patente, anche se prima di raggiungere "quota zero", ha la possibilità di tornare a scuola e recuperare così sei dei suoi punti. Il 2010 inizia, dunque, con un bilancio in positivo: gli incidenti mortali sono in diminuzione - in particolare del 7% dal 2009 e, sulla rete autostradale in tutt'Italia, del 70% dal 1999 - e anche le multe per eccesso di velocità. L'entrata in vigore della patente a punti insieme all'obbligo del patentino - in vigore dal 2004 - per i minorenni sui ciclomotori 50 cc., e del casco per i quadricicli fuoristrada, sono tra le misure di governo adottate per aumentare la sicurezza stradale e ridurre il numero e le conseguenze degli incidenti. Ma chi è l'automobilista "modello"? Secondo il *Rapporto Automobile 2010* del Censis e dell'Aci le donne alla guida sono un modello per gli uomini!

Controlli sulle strade

testo adattato tratto da "*www.retedisicurezza.modena.it*"

XXVII Leggi il testo sopra e rispondi alle domande. 读上面的文章，回答问题。

1. Da quanto tempo esiste in Italia la patente a punti?
2. Quanti punti ha a disposizione l'automobilista italiano?
3. Quando diminuisce il suo bonus iniziale?
4. Ha la possibilità di recuperare i punti prima della "quota zero"? Se sì, come?
5. Il 2010 è un anno negativo per la sicurezza stradale? Sì/No. Perché?
6. Che cosa devono avere i minorenni alla guida di un motorino?

XXVIII Leggi di nuovo l'articolo e completa le frasi. 再读文章，完成句子。

1. Se l'automobilista _____ il codice stradale, _____ i punti sulla patente. (*non osservare, perdere*)
2. Se l'infrazione è grave, _____ di perdere molti punti. (*rischiare*)
3. Quando _____ tutto il bonus, non può circolare perché _____ il ritiro della patente. (*consumare, esserci*)
4. Quando _____ quota zero, può avere i sei punti se _____ un corso di guida. (*raggiungere, frequentare*)
5. Nel 2010 _____ il numero degli incidenti mortali e delle multe per alta velocità. (*calare*)
6. La patente a punti, il patentino per i minorenni e il casco obbligatorio per i quadricicli fuoristrada _____ la sicurezza stradale. (*aumentare*)

XXIX Lavoro di gruppo. In gruppi di 4/5, a turno, fate le seguenti domande e rispondete.
小组练习。4人或5人一组，互相问下面的问题并回答。

- C'è la patente a punti nel tuo Paese? Come funziona?
- Sai guidare? Se sì, sei un automobilista prudente?
- Il numero degli incidenti stradali è in aumento nel tuo Paese? Sì/No. Perché?
- Che cosa deve fare, secondo te, un automobilista per evitare incidenti stradali?
- Secondo te, molti automobilisti commettono infrazioni? Quali? Le multe sono in aumento?

Unità 3

"Come vengo a casa tua?"
"我怎么来你家？"

I Identifica i seguenti nomi in questo disegno. Se hai dubbi, chiedi all'insegnante.
辨别下列单词在图画中对应的事物。如果有疑问，问老师。

cattedrale   panchine   fontana   aiuole   statua   piazza

II Leggi e completa il testo con le parole sopra, ascolta e controlla. 读文章，用上面的单词填空，听录音，检查。

"Abito in una camera in affitto nel centro del paese. Tutto è così diverso da Dublino, la mia città natale. La mia camera è al secondo piano di un vecchio palazzo.
Il balcone della mia camera dà su piazza Garibaldi. La _____ ha una bella _____ al centro, _____ e aiuole ed è un posto tranquillo con poca gente e senza macchine. A destra del mio palazzo vedo l'antica _____ con il campanile e, proprio di fronte al mio balcone, il nuovo Teatro Comunale. Ah... riesco a vedere anche la _____ di S. Antonio, il patrono della città. Sono contenta di abitare in questa casa perché ha una bella vista. È un posto davvero speciale! Sono proprio fortunata!"

III Rileggi il testo, segna con una X le affermazioni vere e correggi quelle sbagliate.
再读文章，用X标出正确的判断，修改错误的判断。

	Vero	Falso
1. Katie abita in una pensioncina familiare.	☐	☐
2. La camera si trova all'ultimo piano di un palazzo.	☐	☐
3. Dalla sua camera vede molte macchine nella piazza.	☐	☐
4. A destra del suo palazzo vede un distributore di benzina.	☐	☐
5. Dal suo balcone vede la Biblioteca Comunale.	☐	☐
6. A Katie non piace vivere in questa casa.	☐	☐

IV Lavoro di coppia. A turno, fate domande sulla piazza nel disegno e rispondete. 2人练习。互相问关于图画中的广场的问题并回答。

Esempio: ◊ Dov'è la fontana?
● È al centro della piazza.

"Vivere in città: che stress!" **Modulo 4**

V Cosa dicono gli altri ragazzi intervistati? Leggi le descrizioni e sottolinea le caratteristiche del paesaggio. 其他接受采访的年轻人说什么？读描写，划出风景的特点。

- Miguel: Abito in un piccolo appartamento nella città famosa per la sua torre. La mia camera, all'ultimo piano, dà sulla verde campagna toscana: è un'oasi di pace!
- Francine: La mia camera dà su un parco stupendo nel centro storico e dalla mia finestra posso vedere palazzi e monumenti straordinari e chiese antiche.
- Stavros: Io abito in una palazzina sul lungomare della città. Dalla veranda vedo i traghetti: fanno la spola tra l'isola e il continente! Anche se è una città molto rumorosa, è molto bella e affascinante!

VI Riconosci le città nelle descrizioni? Se non ne sei sicuro/a, chiedi all'insegnante. 你认出描写的城市是哪里了吗？如果不确定，问老师。

VII Lavoro di gruppo. In gruppi di 4/5: a turno, descrivete la vista dalla vostra camera o casa. 小组练习。4人或5人一组：描述从你的房间或你的家看到的景物。

Visitiamo Torino

Come molte altre grandi città italiane, Torino, l'antica capitale d'Italia, è una città viva, ricca di storia e cultura con molti musei di importanza internazionale. Attraversare il suo centro storico vuol dire camminare per le sue piazze, guardare le vetrine dei negozi nelle vie dello shopping e i palazzi antichi, e sostare davanti ai suoi tanti caffè e pasticcerie.

I torinesi usano diversi mezzi per andare da un punto all'altro della città e, anche se sono legati alla quattroruote - non dimentichiamo che a Torino è nata la Fiat, famosa casa automobilistica italiana-, preferiscono usare i mezzi pubblici.

La città ha un'efficiente rete di linee di autobus, tram e, dal 2006, anche una linea della metropolitana. Questi mezzi, comodi ed economici, permettono ai cittadini una rapida mobilità su tutto il territorio urbano, anche se per raggiungere l'aeroporto internazionale "*Sandro Pertini*" di Torino Caselle, a nord della città, i torinesi devono utilizzare il raccordo autostradale collegato alla linea ferroviaria. Ma chi vuole raggiungere in macchina il centro storico deve sapere che esistono zone ZTL in cui il traffico è totalmente vietato o limitato in alcune ore della giornata. Inoltre, in gran parte del centro storico i parcheggi sono a pagamento e le tariffe variano da zona a zona. Ma quali sono i costi e i servizi del trasporto urbano torinese?

Autobus e tram

Il biglietto urbano costa € 1.00 ed è valido per 70 minuti dalla convalida. Esso consente di andare anche sulla linea della metropolitana ma il passeggero deve timbrare nuovamente entro i 70 minuti e può proseguire la corsa fino al capolinea. Con il biglietto "*giornaliero*" di € 3.50, il cittadino può viaggiare su tutti i mezzi GTT della rete urbana, dal momento della timbratura a fine servizio. Il biglietto "*viaggiare insieme*" è molto comodo e conveniente perché con € 4.40 quattro persone possono salire insieme su tutti i mezzi.

Metropolitana - Linea 1

La prima metropolitana automatica d'Italia nella città di Torino collega la città da ovest ad est. Essa consente di usare la metro a chi arriva a Torino dalle valli montane e questo in soli 10 minuti.

Taxi Amico (nella zona a traffico limitato)

È un servizio molto utile per chi deve girare all'interno dell'Area della ZTL Ambientale perché può prendere un taxi alla tariffa unica di 5 euro.

testo adattato tratto da "*www.parchionline.it/trasporti-pubblici-Torino*"

VIII Leggi l'articolo e rispondi alle seguenti domande. 读文章，回答下列问题。

1. I torinesi preferiscono la macchina agli altri mezzi pubblici?
2. Come possono raggiungere l'aeroporto internazionale?
3. Che cosa sono le "ZTL" e dove si trovano?
4. Il passeggero deve timbrare il biglietto per viaggiare sui mezzi pubblici?
5. Per quanto tempo e su quali mezzi è valido il biglietto?
6. Che cosa vuol dire la sigla "ZTL"? Quale mezzo può entrare in questa zona?

IX Scrivi un breve testo sui mezzi di trasporto della tua città o del posto in cui abiti. Fai riferimento all'articolo come esempio. 写一篇短文，描写你所在城市或你住的地方的交通工具情况。参考上面的文章。

X Quali di queste affermazioni possono descrivere la tua città o il luogo dove vivi? Aggiungine altre. 这些判断中哪些可以用来描写你所在的城市或你住的地方？再补充一些。

"È un posto dove è facile vivere!"   "È inquinata, sporca e caotica!"
"C'è molto traffico e ci sono ingorghi stradali nelle ore di punta!"
"È pulita, ci sono giardini e spazi verdi e non ci sono molte macchine!"
"È un posto dove è difficile vivere e la vita è stressante e cara!"
" I mezzi di trasporto pubblico sono puntuali, efficienti e non costano molto!"
....
....

XI Lavoro di gruppo. In gruppi di 3/4: parlate della qualità della vita nella vostra città. Variate il lessico e utilizzate i connettivi *perché, ma, però, anche se*. 小组练习，3人或4人一组：谈论你们城市的生活质量。用不同的词汇，并使用连词perché, ma, però, anche se。

Esempio: *Mi piace/Non mi piace vivere nella mia città/a Milano/a Pechino perché* ....

XII Leggi il testo di questa pubblicità e riempi gli spazi con le parole date. Fai l'accordo grammaticale. 读这则广告，用所给单词填空。进行语法上的性、数配合。

unico   ristorante   aspettate   prenotate   periodo   elegante   scegliete   dimenticate   tranquillo
artistico   Cattedrale di Sant'Agata   affascinante   via   serata   visitate   godete   ora   ideale

"Vivere in città: che stress!" **Modulo 4**

Venite a Catania, nella nostra 1. _____ città situata ai piedi dell'Etna, famosa per le sue bellezze naturali e 2. _____. 3. _____ le sue chiese antiche e i suoi monumenti storici come la 4. _____ o la Fontana dell'Elefante e 5. _____ il suo mite clima mediterraneo in ogni 6. _____ dell'anno.

Catania è la città 7. _____ per chi ama lo shopping, perciò non 8. _____ di fare un giro per i negozi e le boutique delle 9. _____ del centro. È una città 10. _____ per i suoi bar e 11. _____ aperti fino a tarda 12. _____: dunque, non 13. _____ a trascorrere una piacevole 14. _____ con i vostri familiari o con la vostra dolce metà!

15. _____, allora, in uno dei tanti 16. _____ hotel del corso principale o, se preferite, in una zona 17. _____, lontana dal traffico. Per i vostri fine settimana 18. _____ Catania, questa straordinaria città sul mare!

Grammatica: le congiunzioni coordinanti　语法：并列连词 "perciò" e "dunque"

Osserva le seguenti frasi e rispondi alle domande. 观察下列句子，回答问题。

"Catania è la città ideale per chi ama lo shopping, perciò non dimenticate..."
"...aperti fino a tarda ora, dunque non aspettate a trascorrere una piacevole serata..."

- Che cosa esprimono le due congiunzioni: la conseguenza o il risultato di un'azione o la causa?
  这两个连词表达什么？表示结论、行为的结果，还是原因？
- Quale segno di punteggiatura precede "dunque" e "perciò"?
  "dunque" 和 "perciò" 前用什么标点符号？

XIII Unisci le frasi con la congiunzione *perciò* o *dunque*. 用连词perciò或dunque连接句子。

1. l'albergo si trova nella piazza principale
2. deve timbrare di nuovo il biglietto
3. venite anche per un fine settimana
4. è molto piacevole passeggiare e guardare le vetrine
5. vogliamo comprare una casetta in campagna
6. il traffico è totalmente vietato o limitato

a. non possiamo andare in macchina in centro
b. le vie dello shopping sono piene di negozi
c. vivere in città è un vero problema
d. il lungomare è incantevole e i locali sono splendidi
e. vuole proseguire la corsa fino al capolinea
f. è molto conveniente per visitare il centro storico

Ricorda che　记住
- la congiunzione "perché" non può stare all'inizio di un periodo e non è preceduta da segni di punteggiatura.
  连词 "perché" 不能放在一个复合句的开始，并且它之前不能用标点。

XIV Usa la congiunzione perché per unire le frasi sopra. 用连词perché连接上面的句子。

Esempio: vogliamo prendere la metropolitana - c'è molto traffico nell'ora di punta.
"*Vogliamo prendere la metropolitana perché c'è molto traffico nell'ora di punta.*"

1. ....
2. ....
3. ....
4. ....
5. ....
6. ....

XV Le grandi città tra passato e presente: leggi le impressioni di due turisti e inserisci le congiunzioni *perciò, dunque, perché, anche se*. 大城市的往昔今朝：读两位游客的印象，用连词perciò, dunque, perché或 "anche se" 填空。

1. Alberto da Genova

Mi piace Pechino 1. _____ è una città cosmopolita e moderna 2. _____ conserva molte tradizioni: per esempio, la gente ama vivere fuori nelle strade, giocare e chiacchierare nei giardini e girare in città con la bicicletta o in risciò. Per i pechinesi la bicicletta è un mezzo di trasporto e non di divertimento.

Secondo me, l'abitudine di andare in bici resiste 3. _____ la città permette l'uso di questo mezzo. Infatti, le strade di Pechino sono ampie e pianeggianti, 4. _____ è molto facile usare la bicicletta e non esiste il problema del parcheggio: 5. _____ molti preferiscono la dueruote agli altri mezzi. È fantastico!

2. Michelle da Lione

Che cosa mi piace di Roma? Certamente le sue chiese antiche, i musei e le sue piazze, ma soprattutto lo stile di vita dei romani, rilassato e tranquillo, 1. _____ moderno. Ma cosa fanno i romani quando sono liberi? Non vanno nelle vie del centro, come possiamo immaginare, ma nei centri commerciali 2. _____ sono luoghi di incontro sicuri. Molte strade del centro sono chiuse al traffico, 3. _____ non possono raggiungerle con i mezzi pubblici; 4. _____, preferiscono il centro commerciale. Questo si trova, in genere, in zone con parcheggi, facili da raggiungere.

La gente viene qui 5. _____ può passeggiare, fare shopping e anche chiacchierare come in una vera piazza. Adoro Roma!

XVI Scrivi una breve presentazione della tua città per una guida turistica o, in alternativa, descrivi lo stile di vita del luogo dove vivi, con particolare riguardo ai mezzi di trasporto. 给一本旅行指南写一篇你的城市的简短介绍，或者描写你住的地方的生活方式，特别是关于交通工具方面的情况。

XVII Leggi l'e-mail e inserisci negli spazi le parole date. Fai riferimento alla piantina di Firenze. 读电子邮件，用所给的词填空。参见佛罗伦萨的地图。

fino a   terzo   arrivare   numero   proseguire   taxi   facile   terminale   ultimo   potere

Cara Gao,
   sono molto contenta che vieni alla mia festa! Purtroppo non posso venirti a prendere alla fermata dell'autobus perché sono impegnata con lo shopping!
   Comunque, è 1. _____ arrivare a casa mia. Abito in via Sant'Antonino n. 86, non lontano dal 2. _____ degli autobus Sita; dunque, non devi prendere né il 3. _____ né l'autobus.
   Segui queste indicazioni: appena 4. _____ al terminale degli autobus in via Santa Caterina da Siena, 5. _____ per piazza Santa Maria Novella, continua diritto 6. _____ piazza Unità e prendi la 7. _____ traversa a sinistra, via Sant'Antonino. La mia casa è lì all'8. _____ piano. Se hai difficoltà 9. _____ chiamarmi al cellulare. Eccoti il 10. _____: 3383017518.
   Un bacio e a presto!
   Sara

XVIII Abbina le parti della lettera ai nomi e alle espressioni sotto. 将下面信件的各部分与名词和表达方式连线。

1. Mittente   ☐   a. Sara
2. Destinatario   ☐   b. Sara
3. Formula di saluto   ☐   c. Dare indicazioni

4. Scopo del messaggio	☐	d. Gao
5. Formula di chiusura	☐	e. "Un bacio e a presto!"
6. Firma	☐	f. "Cara Gao,"

 XIX Immagina di vivere in una delle città italiane di cui hai la piantina. Scrivi un'e-mail ad un amico/un'amica e dai indicazioni per raggiungere la tua casa. Decidi anche la situazione. 想象你住在意大利的一个城市，你有那里的地图。给你朋友写一封电子邮件，告诉他（她）到你家怎么走。

 XX Lavoro di coppia. Decidete chi siete - Sudente A / Studente B - e fate una conversazione telefonica secondo le istruzioni sotto. Cambiate le parti. Lo Studente A rimane in questa pagina e lo Studente B va all'Appendice a pag 177. 2人练习。决定你们谁是学生A，谁是学生B，根据下面的说明进行一段电话中的对话。交换角色。学生A用本页的信息，学生B看附录177页。

Studente A

1. Telefoni, saluti e ti presenti.
3. Dì al tuo amico/alla tua amica che stasera dai una festa di addio a casa tua alla fine del corso d'italiano. Chiedi se vuole venire.
5. Dì' dove abiti.
7. Dì' che non è difficile e che deve prendere l'autobus n.10 appena arriva alla stazione.
9. Dì' che non lo sai e che può chiedere sull'autobus.
11. Dì' che dista 15 minuti a piedi e dai indicazioni precise alla tua casa.
13. Rispondi al saluto e dai il tuo numero di telefono se ha problemi.
15. Rispondi al saluto.

 XXI Lavoro di coppia. Invita il tuo compagno/la tua compagna a vedere un film a casa tua e dai indicazioni vere. Scambiatevi i ruoli. 2人练习。邀请你的同学在你们家看一部电影。根据真实情况给他（她）指路。交换角色。

L'angolo della pronuncia
发音角

sc+ e, i/ sch+ e, i/sc+a, o, u/ sci+a, e, o, u/schi+a, e, o, u

1. sc + e, i - digrammi 两个字母拼成的单音 sce, sci:

"*sc*" suono dolce 软音 [ʃ] come in *scena* [ʃena], *sci* [ʃi]

I Ascolta le parole e ripeti. 听单词，跟读。

scendere   scivolare   ruscello   pescivendolo   ascensore   cuscino

2. sch + e, i - digrammi 两个字母拼成的单音 sche, schi:

"*sc*" suono duro 硬音 [sk] come in *schema* [skema], *schizzo* [skizzo]

II Ascolta le parole e ripeti. 听单词，跟读。

scherzo   maschera   taschino   peschereccio   fischi   dischi

3. sc + a, o, u - digrammi 两个字母拼成的单音 sca, sco, scu:

suono duro 硬音 [sk] come in *scarpa* [skarpa] *scomodo* [skomodo]

III Ascolta le parole e ripeti. 听单词，跟读。

scatola   sconto   discutere   tasca   bosco   scultore

4. sci + a, e, o, u -trigrammi 三个字母拼成的单音 scia, scie, scio, sciu:

"*sc*" suono dolce 软音 [ʃ] come in *sciame*[ʃiame], *sciolto*[ʃiolto]

IV Ascolta le parole e ripeti. 听单词，跟读。

sciarpa   scienza   sciopero   sciupare   besciamella
fantascienza   sciogliere   asciutto   ambasciatore   sciocco

5. schi + a, e, o, u -trigrammi 三个字母拼成的单音 schia, schie, schio, schiu:

"*sk*" suono duro 硬音 [sk] come in *schiaffo* [skiaffo], *schiera* [skiera]

V Ascolta le parole e ripeti. 听单词，跟读。

schiavo   schiena   schioppo   schiuma   mischiare   fischiettare   rischio   schiuso

VI Ascolta e inserisci le parole nella colonna giusta. 听单词，填入对应栏中。

sce, sci	sche, schi	sca, sco, scu	scia, scie, scio, sciu	schia, schie, schio, schiu
....	....	....	....	....
....	....	....	....	....
....	....	....	....	....
....	....	....	....	....

VII Com'è questa filastrocca? È divertente? È insolita? E i dialoghi? Strani forse? Prova insieme al tuo compagno/alla tua compagna a giocare con le parole e usa i suoni appena ascoltati. 这首儿歌怎么样？有趣吗？奇特吗？对话呢？可能有些奇怪？用刚刚听到的发音和单词跟同学做游戏。

Scheda grammaticale riassuntiva 语法概要卡片

- **Il verbo servile "dovere"**

   "Devo andare all'università." - *"Anna non deve andare a lezione."* - *"Dove deve andare Anna?"* - *"No, non deve girare all'incrocio. Deve continuare!"* - *"Ci scusi...e i biglietti? Dobbiamo comprarli in una tabaccheria o in un'edicola?"*

   - Il verbo *dovere* può esprimere *obbligo, necessità* e *richiesta di suggerimento*; nelle frasi negative esprime *assenza d'obbligo, proibizione o divieto*.

- **I verbi intransitivi "andare" e "venire" + le preposizioni di luogo**

   "Scusa, come vai in biblioteca?" - *"Mia figlia va da una sua amica per studiare oppure all'università per le lezioni."* - *"Vieni a casa mia?"* - *"Andrea viene da Genova."*

	a	in	da
andare/ venire	■ luoghi circoscritti: *a casa, a scuola, all'università, ecc.* ■ nomi di città, paesi: *a Milano, ad Assisi* ■ nomi di luoghi: *al mare, al fiume, al lago* ■ nomi di luoghi con denominazione: *al Banco di Napoli, all'ospedale San Camillo.*	■ luoghi circoscritti: *in banca, in agenzia, ecc* ■ nomi di regioni, nazioni, continenti: *in Toscana, in Italia, in Asia* ■ nomi di luoghi: *in montagna, in campagna, in centro*	■ pronomi personali: *"andiamo da lui", "vieni da me"* ■ nomi propri e comuni di persona: *da Tina, dagli zii* ■ mestieri/professioni: *dall' architetto, dal farmacista*
venire			provenienza: *"Vengo dalla Cina."*

- **Le preposizioni "da", "con" e i pronomi personali tonici**

   "Vuoi venire con noi?" - *"No, vado con lui!"*

- **Le preposizioni "con", "in" per esprimere il complemento di mezzo**

   "Non andiamo in macchina, ma con la metropolitana!"

   -Usiamo la preposizione *a* in particolari locuzioni di mezzo come *a piedi, a cavallo*.

- **L'imperativo**

   "Vada avanti per questa strada e giri alla prima traversa." - *"Non attraversare quando il semaforo è rosso!"* - *"Non andiamo a piedi!"*

   -Usiamo l'imperativo per:

   1. dare indicazioni stradali ed esprimere divieto nella forma negativa.

   2. fare un'esortazione o dare un avvertimento.

- **"volerci" e "metterci" per esprimere la durata**

   1. *"Quanto ci vuole per arrivare in centro?"* - *"Ci vuole circa mezz'ora."*

   2. *"Ci metti molto per arrivare a casa?"* - *"Ci metto un'ora."*

   - Questi verbi hanno due costrutti: personale e impersonale.

- **Posizione dei pronomi indiretti atoni con i verbi servili**

   "Scusi, ci sa dire dov'è il terminale degli autobus?" - *"Puoi dirmi dov'è la stazione"?* -

   - I pronomi indiretti con i verbi servili *potere, dovere, volere, sapere* possono stare prima di questi verbi o dopo l'infinito.

- **• Il pronome personale partitivo "ne" con "ci" = ce ne**

   "C'è un'edicola qui vicino?" - *"Sì, ce n'è una."* / *"Sì, ce ne sono due."*

- In queste frasi il pronome partitivo *ne* si unisce al pronome *ci* che diventa ce.
- **La subordinazione e l'infinito di scopo.**

  "Lynn deve andare in banca per cambiare i soldi." - "Anna deve andare all'aeroporto per salutare una sua amica."

  - In queste frasi lo scopo delle azioni è segnalato dalla preposizione *per* seguita dall'infinito.
- • **Le congiunzioni "perciò", "dunque"**

  "Il traffico è vietato o limitato, perciò/dunque non possiamo andare in centro in macchina."

  - Queste congiunzioni esprimono la conseguenza o il risultato di un'azione.

Per comunicare: sintesi delle funzioni 交际用语：功能梗概

chiedere e dire quali servizi ci sono in una città o nelle vicinanze	"Cosa c'è vicino a casa tua?" - "C'è la banca ma non c'è l'ufficio postale!" "Scusa, sai dirmi se c'è un'edicola qui vicino?" - "Sì, ce n'è una in piazza Verdi."
invitare qualcuno a fare qualcosa, rifiutare, esprimere obbligo e necessità	"Vuoi venire con me in centro?" - "Mi dispiace ma non posso. Devo andare all'ospedale per fare un controllo!"
richiedere e dare un suggerimento o un consiglio	"Devo prendere l'auto o il taxi?" - "Prendi l'auto!" "Posso andare con l'autobus?" - "Sì, certo!"
chiedere e dire quali mezzi di trasporto usiamo	"Come va Paolo/Anna in ufficio?" - "Va con la macchina."
chiedere e dire della distanza dei luoghi	"Scusa, devo andare in biblioteca. È lontana da qui?" - "No, non è lontana. Dista solo 1,2 km."
chiedere e dire della durata di un tragitto	"Quanto ci vuole?" - "Quanto ci metti?" - "Ci vuole mezz'ora." - "Ci metto mezz'ora."
chiedere e dare indicazioni stradali (formale e informale)	"Senta, mi sa dire dov'è la farmacia?" - "Guardi, non è lontano…Vada diritto/deve andare diritto/non vada a sinistra…" - "Scusa, sai dov'è la banca?" - "Senti…sai dirmi se c'è una banca qui vicino?" - "Allora…va sempre diritto…"
esprimere divieto, obbligo (formale/informale)	"Non attraversi col rosso!" - "Deve attraversare con il verde!" "Non parcheggiare in questa zona!" - "Devi trovare un altro parcheggio!"
descrivere che cosa si vede dal proprio appartamento/dalla propria camera	"Dalla finestra/dal balcone…del mio…/della mia…vedo la strada principale/la piazza…" - "La mia stanza/il mio appartamento dà sul/sulla…"
descrivere la propria città, gli aspetti positivi e/o negativi	"Mi piace la mia città perché è ricca di bellezze naturali e artistiche." "Non mi piace la mia città perché è inquinata e caotica, ma…"

Laboratorio 实验室

1. **Inserisci in maniera appropriata il verbo *dovere* nella forma affermativa o negativa.** 用适当的方式填入动词dovere的肯定形式或否定形式。

   a. Domani gli studenti hanno gli esami: _____ andare a studiare!

   b. Ragazzi, _____ attraversare la strada se il semaforo è rosso!

   c. Ci scusi, _____ girare a sinistra?

   d. Sta' attento: _____ telefonare all'ufficio prenotazioni!

   e. Mi scusi, signora: _____ prendere la prima a destra e non la prima a sinistra!

   f. _____ studiare molte ore se seguite le lezioni!

2. Per ciascuno dei seguenti segnali stradali dai istruzioni con l'imperativo e con il verbo dovere. 用命令式和动词dovere，给出下列各个路标的说明。

Esempio: Prosegui diritto avanti! - "*Devi proseguire diritto avanti!*"

suonare　　　il clacson　　　andare　　　superare la velocità di ...　　dare la precedenza a ...
girare a destra　　　　proseguire　　　cambiare il senso di marcia

　　1　　　　　　2　　　　　　3　　　　　　4　　　　　　5　　　　　　6

a. Limite massimo di velocità _____
b. Divieto di segnalazioni acustiche _____
c. Diritto di precedenza _____
d. Divieto di inversione _____
e. Segnale di stop _____
f. Divieto di svolta a destra _____

3. Trasforma i verbi nelle frasi sotto dal formale all'informale e viceversa. 将下列句子中的动词从正式语气变成非正式语气，或从非正式语气变成正式语气。

a. Va' diritto e poi fa` tutta la via Puccini. _____
b. Non andare veloce e sii prudente! _____
c. Per favore, dica al signor Rossi dov'è la metropolitana. _____
d. Sali alla fermata di via Tintoretto ma non scendere in via Raffaello! _____
e. Da' questo biglietto al controllore, per piacere! _____
f. Fa' con calma : i nostri amici vengono tra due ore. _____

4. Riformula le seguenti frasi e usa i verbi in parentesi. 用括号中的动词重组句子。

a. Carlo, ma quanto ci vuole per arrivare a casa? _____ (*metterci*)
b. Ci vogliono 2 ore per andare all'aeroporto! (noi) _____ (*metterci*)
c. Dalla Stazione Termini all'Aeroporto di Fiumicino in treno ci metto mezz'ora.
   _____ (*volerci*)
d. Ci metto tre quarti d'ora per raggiungere il centro se vado con la bici.
   _____ (*volerci*)
e. Ci vogliono 10 minuti per portare i ragazzi a scuola in macchina.
   Mio marito _____ (*metterci*)
f. Ci mettono un quarto d'ora per arrivare all'università. _____ (*volerci*)

5. Fai domande appropriate alle risposte sotto. 给出下面回答的适当问句。

a. _____? Dista solo 2 km!
b. _____? Sì, è abbastanza vicino.
c. _____? Ci vogliono 10 minuti con l'autobus.
d. _____? No, è un po' lontano: dista 10 km!
e. _____? Dista 3 km.
f. _____? Ci metto un'ora con il traffico!

6. Inserisci negli spazi le preposizioni in, a, da in maniera appropriata. 以适当的方式用前置词in，a或da填空。

a. Ci piace andare _____ mare e non _____ montagna.
b. Preferisce tornare _____ casa: non vuole andare _____ cinema con loro!

c. I miei genitori arrivano _____ terminale 7 della Sita e non _____ stazione.
d. Dario e Laura vengono _____ una festa, perciò non vanno _____ loro.
e. Mi scusi, anche lei va _____ Roma con l'autobus della SAIS?
f. Quando vieni _____ Italia? O preferisci restare _____ Pechino?

7. Sostituisci i pronomi tonici con i pronomi atoni. Usa i due costrutti con i verbi servili. 用非重读宾语代词代替重读宾语代词，并用辅助动词的两种结构。

a. Scusi, può dire a me dov'è la fermata del 9? _____
b. Non possiamo dare a voi altre informazioni! _____
c. Non devi comprare a noi i biglietti per il museo. _____
d. Vorrei chiedere a te un favore, se non ti dispiace! _____
e. Il direttore non può parlare con Lei in questo momento. _____
f. Un consiglio: può scrivere a lui un'e-mail, se vuole. _____

8. Seguire le istruzioni. Leggi il seguente messaggio vocale, completa con i verbi sotto all'imperativo, ascolta e controlla. 听说明。读下面的语音信息，用下面动词的命令式填空，听录音并检查。

premere(2)   ascoltare   digitare(2)   seguire   selezionare (3)

Risponde l'ufficio turistico di Positano. Gentile cliente, _____ il messaggio e _____ le istruzioni: per informazioni in italiano _____ il tasto1; per informazioni in inglese _____ il tasto 2; per informazioni sui tragitti in macchina _____ il 121. Se vuole raggiungere Positano con altri mezzi _____ il 122; per informazioni sulla viabilità stradale _____ il 123; per tornare al menù principale _____ il tasto 0; per parlare con un operatore _____ 9. Grazie.

9. Completa i messaggi vocali con le seguenti preposizioni e le locuzioni prepositive. Poi, ascolta e controlla. 用下面的前置词和前置词短语完成语音信息。然后听录音并检查。

a sinistra del   per (5)   a (2)   in (2)   al(2)   lungo   a destra   da (4)   verso   nel

In auto da Napoli

Se venite _____ Napoli, prendete l'autostrada A3, la Napoli-Salerno, e arrivate _____ Castellamare di Stabia. Da qui continuate _____ la SS123 e seguite le indicazioni _____ Positano. Quando siete Positano, _____ secondo bivio, girate _____ e proseguite _____ il centro _____ paese.

In auto da Salerno:

_____ Salerno raggiungete l'autostrada A3 _____ Napoli. Quando arrivate _____ Vietri, seguite le indicazioni _____ Amalfi e poi _____ Positano. _____ Positano, girate _____ primo incrocio _____ e andate _____ il centro. Il nostro albergo dista 20 km sia _____ Sorrento che _____ Amalfi e si trova corso principale.

10. Leggi le definizioni e riempi gli spazi in maniera adeguata. 读下面的定义，用适当的方式填空。

a. punto d'incontro tra due o più strade: _____
b. strada larga, in genere con alberi: _____
c. largo spazio con edifici e palazzi attorno: _____
d. momento della giornata di traffico intenso: _____
e. strada laterale lungo una strada principale: _____
f. luogo dove possiamo comprare i biglietti per l'autobus: _____

GLOSSARIO
词 汇 表

GLOSSARIO DEI LEMMI IN ORDINE DI APPARIZIONE
以词条出现的先后为序的词汇表

▶ Legenda delle abbreviazioni e dei segni usati in questo glossario
词汇表中的缩略语和符号说明

s. → sostantivo　名词
m. → maschile　阳性
f. → femminile　阴性
sing. → singolare　单数
pl. → plurale　复数
pers. → persona　人称
pres. → tempo presente　现在时
inv. → invariabile　词形不变化的
agg. → aggettivo　形容词
num. → numerale　数词
card. → cardinale　基数
ord. → ordinale　序数
v. → verbo　动词
v. cop. → copulativo　系动词
v. tr. → transitivo　及物动词
v. intr. → intransitivo　不及物动词
v. rifl. → riflessivo　自反动词
v. ind. → indiretto　间接动词
v. rec. → reciproco　互相自反动词
v. serv. → servile　辅助动词
v. imp. → verbo impersonale　无人称动词
v. pron. → verbo pronominale　代动词
v. fras. → verbo fraseologico　短语动词
v. caus. → causativo　使役动词
espr. idiom. → espressione idiomatica　习惯语
pron. → pronome　代词

pron. sogg. → pronome soggetto　主语代词
pron. ogg. → pronome oggetto　宾语代词
prep. → preposizione　前置词
loc. prep. → locuzione prepositiva　前置词短语
cong. → congiunzione　连词
cong. test. → congiunzione testuale　文中连词
avv. → avverbio　副词
loc. → locuzione　短语
loc. avv. → locuzione avverbiale　副词短语
inter. → interiezione　感叹词
spec. → specialmente　特别是
trattino _ 短横线 → segno di accento tonico　重音标记
asterisco * 星号 → verbo irregolare al presente e/o al passato prossimo, all'imperfetto e al futuro　现在时、近过去时、未完成过去时和将来时的不规则动词

-isc → verbo che segue il modello di coniugazione di "*preferire*"　跟"preferire"相同的动词变位

⚠ N. B. Il trattino (-) segna solo l'accento sulla sillaba delle parole *sdrucciole* e *bisdrucciole*, delle parole straniere e di quelle che hanno le desinenze -io/ia come in *restio* e *farmacia*.
用短横线标注下列单词的重音：
重音在倒数第三个音节上，重音在倒数第四个音节上的单词，外来词的重音，重音位置同 *restio* 和 *farmacia*，以-io/ia为词尾的单词。
（cfr. la sezione "*Appendice Grammaticale*" 参见"语法附录"部分）

133

Modulo 0 (introduttivo)

Unità 1

alfabeto   s.m.   字母表
lettera   s.f.   字母
vocale   s.f.   元音
consonante   s.f.   辅音
karaoke   s.m.inv.   卡拉OK
watt   s.m.inv.   （瓦）特
xenofobia   s.f.   仇外，排外
yogurt   s.m.inv.   酸奶
cane   s.m.   狗，犬
pianta   s.f.   植物
oasi   s.f. inv.   绿洲
testa   s.f.   头，脑袋
vino   s.m.   葡萄酒
sole   s.m.   太阳；阳光
uva   s.f.   葡萄
zoo   s.m.inv.   动物园
divano   s.m.   长沙发
banca   s.f. [pl. -che]   银行
aereo   s.m.   飞机
estate   s.f.   夏天，夏季
gara   s.f.   比赛，竞赛
mano   s.f. [pl. -mani]   手
hotel   s.m.inv.   旅馆，大饭店
Italia   s.f.   意大利
leone   s.m.   狮子
quadro   s.m.   画，油画
nuvola   s.f.   云
Roma   s.f.   罗马
riva   s.f.   岸；滨
città   s.f. inv.   城市
monumento   s.m.   遗迹，古迹
tradizione   s.f.   传统
nord   s.m.   北，北方
sud   s.m.   南，南方
est   s.m.   东，东方
ovest   s.m.   西，西方
nord-est   s.m.   东北，东北方
nord-ovest   s.m.   西北，西北方
centro-nord   s.m.   中北部
palio   s.m.   锦标赛
carnevale   s.m.   狂欢节
torre   s.f.   塔
trullo (*tipo di casa*)   s.m.
（意大利普里亚区的）圆锥顶建筑

arena   s.f.   （古罗马圆形剧场中央的）竞技场地
duomo   s.m.   大教堂
tempio   s.m. [pl. -pi -pli]   神殿；庙宇
settimana   s.f.   星期，周
moda   s.f.   时装
Milano   s.f.   米兰
mozzarella   s.f.   一种奶酪
cappuccino   s.m.   牛奶咖啡，卡布奇诺
reggiano   agg.   雷焦艾米利亚市的
parmigiano   s.m.   帕尔马奶酪
spaghetto   s.m. [spec. pl.]   面条
espresso   s.m. [pl. inv. o -i]   蒸馏咖啡
gelato   s.m.   冰淇淋
attore   s.m. [f. -trice]   演员
teatro   s.m.   剧场；戏剧
romano   agg.   古罗马的；罗马的
cantante   s.m.e f.   歌唱家，歌手
lirico   agg. [pl -ci -che]   抒情的
macchina   s.f.   小汽车
sportivo   agg.   运动的
attrice   s.f.   女演员
caffè   s.m. [pl. inv.]   咖啡
marionetta   s.f.   木偶
poeta   s.m. [pl. -i]   诗人
stilista   s.m.e f.   （服装等）设计师
pizza   s.f.   比萨饼
burattino   s.m.   木偶
pasta   s.f.   面条
scienziato-a   s.m./f.   科学家
calcio   s.m.   足球
squadra   s.f.   队
giornalista   s.m.e f.   记者
scultore   s.m. [f.-trice]   雕刻家
pittore   s.m. [f.-trice]   画家
musicista   s.m.e f.   音乐家，作曲家

Unità 2

lingua   s.f.   语言
musicale   agg.   音乐的
lavagna   s.f.   黑板
gesso   s.m.   粉笔
banco   s.m. [pl.-chi]   课桌
sedia   s.f.   椅子
cattedra   s.f.   讲台
quaderno   s.m.   笔记本
penna   s.f.   钢笔
videoregistratore   s.m.   录像机
matita   s.f.   铅笔

libro   s.m.   书
registratore   s.m.   录音机
televisore   s.m.   电视机
*leggere   v.tr.   读，阅读
ascoltare   v.tr.   听
ripetere   v.tr.   重复
dietro di   loc. prep.   在……后面
sottolineare   v.tr.   在……下面划加重线
*scrivere   v.tr.   写
appunto   s.m.   笔记
*prendere   v.tr.   拿，取
lavorare   v.intr.   工作，干活
coppia   s.f.   一双，一对
gruppo   s.m.   组，群
Scusi, non ho capito.   对不起，我没弄懂。
Scusi, può ripetere per favore?
   对不起，能（请您）再说一遍吗？
Come si pronuncia questa parola…?
   这个词怎么发音？
Cosa vuol dire...?   ……是什么意思？
Avete capito?   你们明白了吗？
Sì, abbiamo capito.   对，我们明白了。
Hai capito ora?   你现在明白了吗?
Sì, ho capito!   对，我明白了！
ciao!   inter.   你好，再见
buongiorno!   inter.   您好，日安
arrivederci!   inter.   再见
buonasera!   inter.   晚上好
più   avv.   更
tardi   avv.   晚
a più tardi!   inter.   一会儿见
che   agg.   多么
bello   agg.   美丽的
che bello!   inter.   多漂亮呀！
noia   s.f.   厌烦，厌倦
che noia!   inter.   好烦呀！
buono   agg.   好的
che buono!   inter.   真好呀！
studio   1a pers. sing. pres.   我学
italiano-a   agg., e s.m./f.   意大利的，意大利人
perché   cong.   因为
è   3a pers. sing. pres.   是
musica   s.f.   音乐
studiare   v.intr.   学习
per   prep.   为了
trovare   v.tr.   找到
lavoro   s.m.   工作
mi piace   3a pers. sing. pres.   我喜欢

cucina   s.f.   烹饪，烹调
arte   s.f.   艺术
cultura   s.f.   文化
paese   s.m.   国家
gente   s.f.   人，人们

Modulo 1

Unità 1

io   pron. sogg.   我
*essere   v. cop. e intr.   是
piacere   s.m.   愉快，高兴
piacere!   inter.   很高兴认识你！
salve!   inter.   你好！
e   cong.   和，与，及
tu   pron.   你
come   avv.   怎么，怎样
chiamarsi   v.rifl.   名叫，名为
lui   pron. sogg.   他
lei   pron. sogg.   她
Lei   pron. sogg.   您
noi   pron. sogg.   我们
voi   pron. sogg.   你们
loro   pron. sogg.   他（她）们，它们
sì   avv.   是，是的
vero?   agg.   真的
no   avv.   不，不是
scusa   inter.   劳驾
esatto   inter.   是的
scusate   inter.   劳驾
allora   cong. test.   那么
*sapere   v.tr.   知道
questo   agg., pron.   这，这个
architetto   s.m.   建筑师
ragioniere-a   s.m./f.   会计师
professore   s.m. [f.-essa]   教授
dottoressa   s.f.   女医生
dottore   s.m. [f.-essa]   男医生
avvocatessa   s.f.   女律师
ragioniera   s.f.   女会计师
avvocato   s.m.   男律师
ingegnere   s.m. e f.   工程师
professoressa   s.f.   女教授
psicologo-a   s.m./f. [pl. -gi -ghe]   心理学家
medico   s.m. [pl. -ci]   医生
signora   s.f.   女士，夫人
studente   s.m. [f.-essa]   学生
hostess   s.f.inv.   空中小姐

scienziato-a   s.m./f.   科学家
signorina   s.f.   小姐
archeologo-a   s.m./f. [pl. -gi -ghe]   考古学家
studentessa   s.f.   女学生
interprete   s.m. e f.   译员，口译者
*dire   v.tr.   说，讲
presentare   v.tr.   介绍
molto   avv.   很，非常
lieto   agg.   高兴的
molto lieto-a   inter.   很高兴
mio   agg.   我的
mi scusi   inter.   对不起
sorpresa   s.f.   出乎意料的事
che sorpresa!   inter.   多么出乎意料呀！
anche   cong.   也，又
qui   avv.   这里，这儿
che piacere!   inter.   多么高兴呀！
buonasera!   inter.   晚上好！
*stare   v.intr.   （身体状况）是
bene   avv.   好
grazie   inter.   谢谢
non   avv.   不，没有
*esserci   v. pron.   有
male   avv.   坏，遭
non c'è male!   inter.   没什么不好！
oggi   avv.   今天
domani   avv.   明天
a domani!   inter.   明天见！
arrivederLa!   inter.   再见（尊称）
abbastanza   avv.   相当地
abbastanza bene!   inter.   相当好
molto bene!   inter.   非常好！
credere   v.tr.   认为，以为
casa   s.f.   家，家庭
a casa (*famiglia*)   loc.   在家里

Unità 2

tedesco   agg. [pl.chi-che]   德国的
Germania   s.f.   德国
statunitense   agg.   美国的
Stati Uniti   s.m.pl.   美国
americano   agg.   美洲的，美国的
America   s.f.   美国
francese   agg.   法国的
Francia   s.f.   法国
Svezia   s.f.   瑞典
svedese   agg.   瑞典的
Inghilterra   s.f.   英国

inglese   agg.   英国的
Spagna   s.f.   西班牙
spagnolo   agg.   西班牙的
Corea   s.f.   朝鲜
coreano   agg.   朝鲜的
Giappone   s.m.   日本
giapponese   agg.   日本的
India   s.f.   印度
indiano   agg.   印度的
Australia   s.f.   澳大利亚
australiano   agg.   澳大利亚的
Argentina   s.f.   阿根廷
argentino   agg.   阿根廷的
Cina   s.f.   中国
cinese   agg.   中国的
Brasile   s.m.   巴西
brasiliano   agg.   巴西的
Canada   s.m.   加拿大
canadese   agg.   加拿大的
Grecia   s.f.   希腊
greco   agg.   希腊的
Belgio   s.m.   比利时
belga   agg. [pl-gi-ghe]   比利时的
Polonia   s.f.   波兰
polacco   agg. [pl.-chi-che]   波兰的
ceco   agg. [pl. chi-che]   捷克的
Tunisia   s.f.   突尼斯
tunisino   agg.   突尼斯的
Irlanda   s.f.   爱尔兰
irlandese   agg.   爱尔兰的
Iran   s.m.   伊朗
iraniano   agg.   伊朗的
Marocco   s.m.   摩洛哥
marocchino   agg.   摩洛哥的
Russia   s.f.   俄罗斯
russo   agg.   俄罗斯的
Galles   s.m.   威尔士
gallese   agg.   威尔士的
Arabia Saudita   s.f.   沙特阿拉伯王国
arabo   agg.   阿拉伯的
Portogallo   s.m.   葡萄牙
portoghese   agg.   葡萄牙的
Scozia   s.f.   苏格兰
scozzese   agg.   苏格兰的
corso   s.m.   课程
insegnante   s.m. e f.   老师
davvero!   inter.   真的呀！
ragazzo-a   s.m./f.   男（女）孩，男（女）青年

calciatore   s.m. [f-trice]   足球运动员
compositore   s.m. [f.-trice]   作曲家
drammaturgo   s.m. [pl.-ghi]   剧作家
ucraino   agg.   乌克兰的
nazionalità   s.f.   国籍
di   prep.   ……的
di che nazionalità   loc.   哪国的
natale   agg.   出生的
dove   avv.   哪里
residenza   s.f.   居住，居留
abitare   v.tr. e intr.   住，住在
parlare   v.tr. e intr.   说话，讲话
quale   agg. [pl. -i]   什么样的，哪一类的
un po'   avv.   有点儿，一点儿
a   prep.   在……
ora   avv.   现在
momento   s.m.   时刻
programma   s.m. [pl.-i]   节目
trovare   v.tr.   找到，找着
amico-a   s.m./f. [pl.-ci-che]   朋友
sentire   v.tr.   听
ospite   s.m. e f.   客人，宾客
contattare   v.tr.   和……联络
subito   avv.   立刻，马上
redazione   s.f.   编辑部
ma   cong.   但是
architettura   s.f.   建筑学
visitare   v.tr.   参观，游览
ditta   s.f.   公司
import-export   s.m.inv.   进出口
cercare   v.tr.   找，寻找
contabile   s.m. e f.   会计
sede   s.f.   分公司
conoscenza   s.f.   熟悉，通晓
e-mail   s.f. inv.   电子邮件
studio (ambiente)   s.m.   工作室
progettazione   s.f.   设计
straniero-a   agg., s.m./f.   外国的，外国人
residente   agg., s.m. e f.   居住的，居民
zona   s.f.   地区
indispensabile   agg.   必不可少的
in   prep.   在，在……里
per   prep.   为了
motivo   s.m.   动机，原因
per motivi di   loc. prep.   为了……目的
studio   s.m.   学习
dizionario   s.m.   字典，词典
professione   s.f.   职业

Unità 3

quanto   agg., pron.   多少
Che cosa vuol dire...?   ……是什么意思？
età   s.f.   年龄
anno   s.m.   年纪，岁数
*avere   v.tr.   有
a proposito   loc. prep.   顺便提一下
ne   part. pron.   （代数字后的名词）
ancora   avv.   还
cosa   s.f.   事，事情
codice   s.m.   代码，电码
avviamento   s.m.   开始，开端
postale   agg.   邮政的，邮局的
forse   avv.   可能
secondo   prep.   按照，依照
indirizzo   s.m.   地址
strada   s.f.   道路，街道
numero   s.m.   号，号码
cellulare   s.m.   手机
telefono   s.m.   电话
fax   s.m.inv.   传真
scuola   s.f.   学校
insegnare   v.tr.   教
un attimo   loc.   等一下
dunque   cong. test.   因此，所以
ecco   avv.   这就是
va bene!   inter.   行了！
così   avv.   这样
pubblicitario   agg.   广告的
studio pubblicitario   loc.   广告工作室
teleselettivo   agg.   自动拨号的
prefisso   s.m.   区号
quale   pron.   哪个，哪些
tuo   agg.   你的
*dispiacere   v.intr.   遗憾，抱歉
mi dispiace   inter.   对不起
che   agg., pron.   什么，哪个
compilare   v.tr.   填写
stampare   v.tr.   打印
presente   agg.   本，此
modulo   s.m.   表格
inviare   v.tr.   寄送，发送
palestra   s.f.   健身房
iscrizione   s.f.   报名
nome   s.m.   名，名字
cognome   s.m.   姓
provincia   s.f. [pl.-ce]   省

fiscale　agg.　税收的
luogo　s.m. [pl.-ghi]　地方，地点
nascita　s.f.　出生
viale　s.m.　林荫大道
aula　s.f.　教室
sport　s.m.inv.　运动
zaino　s.m.　书包，背包
alunno-a　s.m./f.　（中，小）学生
euro　s.m.inv.　欧元
spettacolo　s.m.　表演，演出
cricket　s.m. [inv.solo sing]　板球
tipicamente　avv.　典型地
metropoli　s.f.inv.　大都市
ricordare　v.tr.　记得，记住
rispettivamente　avv.　分别地，各自地
canzone　s.f.　歌，歌曲
popolare　agg.　流行的
benvenuto　agg.　受欢迎的

Modulo 2

Unità 1

madre　s.f.　母亲
figlio-a　s.m./f.　儿子（女儿）
fratello　s.m.　兄弟
sorella　s.f.　姐妹
marito　s.m.　丈夫
moglie　s.f.　妻子
padre　s.m.　父亲
nonno-a　s.m./f.　祖父（祖母）
genitore　s.m. [f.-trice]　父亲（母亲）
zio-a　s.m./f.　叔叔（姑姑）
cognato-a　s.m./f.　姐夫（嫂子）
nipote　s.m. e f.　孙子，孙女
suocero-a　s.m./f.　岳父（岳母）
genero　s.m.　女婿
nuora　s.f.　媳妇
preoccuparsi　v.rifl.　担心
piede　s.m.　脚
in piedi　loc.　站着
fino a　loc. prep.　直到
giovane　agg.　年轻的
complimenti!　inter.　祝贺
restare　v.intr.　留下
cena　s.f.　晚饭
esame　s.m.　考试
altro　agg.　另外的
volta　s.f.　次，回

un'altra volta　loc.　下一次
estero　s.m.　国外
all'estero　loc.　在国外
grande　agg.　大的
bello　agg.　漂亮的
persona　s.f.　人
bisnonno-a　s.m./f.　曾祖父（曾祖母）
patrigno　s.m.　继父
matrigna　s.f.　继母
figliastro-a　s.m./f.　继子（继女）
pronipote　s.m. e f.　重孙（重孙女）
cugino-a　s.m./f.　堂兄弟（堂姐妹）
chi　pron. int.　谁
cinque　num. card. inv.　五
gemello-a　agg., s.m./f.　双胞胎的，双胞胎
matematica　s.f.　数学
liceo　s.m.　高中
simpatico　agg. [pl.-ci-che]　可爱的
socievole　agg.　好交际的
specialmente　avv.　特别地
passione　s.f.　酷爱，爱好
rock　s.m.inv.　摇滚乐
classico　agg. [pl.-ci-che]　古典的
musica　s.f. [pl.-che]　音乐
preferito　agg.　最喜欢的
cuore　s.m.　心
squadra　s.f.　队
squadra del cuore　loc.　心爱的球队
tifoso-a　s.m./f.　球迷
stesso　agg.　相同的
caro　agg.　亲切的
saluto　s.m.　问候
mio　agg., pron.　我的，我的（东西）
tuo　agg., pron.　你的，你的（东西）
suo　agg., pron.
　他（她，它）的，他（她，它）的（东西）
nostro　agg., pron.　我们的，我们的（东西）
vostro　agg., pron.　你们的，你们的（东西）
loro　agg., pron.inv.
　他（她，它）们的，他（她，它）们的（东西）
di　prep.　……的
parente　s.m. e f.　亲戚
collega　s.m. e f. [pl.-ghi-ghe]　同事
materno　agg.　母亲的
tennis　s.m. [inv. solo sing.]　网球
paterno　agg.　父亲的
penna　s.f.　钢笔
CD　s.m. inv.　光盘

unico agg. [pl.-ci-che] 唯一的
figlio unico loc. 独生子
tradizionale agg. 传统的
con prep. 和……
lontano agg. 远的
parentela s.f. 亲戚关系
però cong. 但是
sette num. card. inv. 七
incluso agg. 包括在内的
naturalmente avv. 自然地
numeroso agg. 人口多的
o cong. 或者
invece cong. test. 而，但是
qui avv. 这里，这儿
purtroppo avv. 不幸，可惜
né ... né cong. 既不……也不
mentre cong. 而
solo agg. 独自的
da solo-a loc. 独自地
strano agg. 奇怪的
che strano! inter. 好怪呀！
comodo s.m. 方便，便利
scelta s.f. 选择
scelta di comodo loc. 方便的选择
forse avv. 也许，可能
rugby s.m. [inv. solo sing.] 橄榄球
bicicletta s.f. 自行车
pop s.m. [inv. solo sing.] 流行乐
*chiedere v.tr. e intr. 问
commentare v.tr. e intr. 评论
componente s.m. e f. 成员
informarsi v.rifl. 询问
sistemazione s.f. 结婚，出嫁
qualcuno pron. 某人
*rispondere v.intr. 回答
piccolo agg. 小的
medio agg. 中等的
maggiorenne agg., s.m. e f. 成年人
interesse s.m. 兴趣
shopping s.m. [inv. solo sing.] 买东西
cinema s.m. inv. 电影，电影院
discoteca s.f. [pl.-che] 迪斯科舞厅
amicizia s.f. 友谊
*fare v.tr. 做
scambio s.m. 交流
culturale agg. 文化的
jazz s.m. [inv. solo sing.] 爵士乐
Internet s.f. inv. 网络

contattare v.tr. 联系，联络
seguente agg. 下面的

Unità 2

occupazione s.f. 职业
coniugato-a agg., s.m./f. 已婚的，已婚者
celibe agg., s.m. （男子）未婚的，未婚的男子
nubile agg., s.f. （女子）未婚的，未婚的女子
cittadinanza s.f. 公民，国籍
sposato-a agg., s.m./f. 已婚的，已婚者
occhio s.m. 眼睛
azzurro agg. 天蓝色的
castano agg. 栗色的
verde agg. 绿色的
nero agg. 黑色的
capello s.m. 头发
biondo agg. 金黄色的
bianco agg. [pl.-chi-che] 白色的
grigio agg. 灰色的
scapolo agg., s.m. 未婚的；单身汉
primo num. ord. 第一
giorno s.m. 天，日
fidanzato-a agg., s.m./f. 已订婚的，未婚夫（妻）
azienda s.f. 企业
guardare v.tr. 看
tipo s.m. 人，家伙
accanto a loc. prep. 在……旁边
proprio avv. 的确，确实
uomo s.m. [pl. uomini] 人，男人
interessante agg. 有趣的
quaranta num. card. inv. 四十
chissà avv. 谁知道，也许
*succedere v.intr. 发生
qualcosa pron. 某事，某物
frase s.f. 句子
impiegato-a s.m./f. 职员
civile agg. 公民的，市民的
stato s.m. 身份；婚姻状况
stato civile loc. 户籍，身份，婚姻状况
statura s.f. 身高，身材
senta inter. （您）听（我说）
identità s.f. 身份
carta s.f. 证件
carta d'identità loc. 身份证
bisogno s.m. 需要
*avere bisogno di espr. idiom. 需要
generalità s.f. pl. 身份
cioè cong. 即，就是说

*potere   v. serv.   能，能够
ripetere   v.tr.   重复
laureato-a   agg., s.m./f   大学毕业的；大学毕业生
disoccupato-a   agg., s.m./f.   失业的；失业者
metro (unità di misura)   s.m.   米
finire -isc   v.tr. e intr.   完成，结束
pronto   agg.   准备好的
perfetto   agg.   完美的
perfetto!   inter.   太好了！

Unità 3

lungo   agg. [pl.-ghi-ghe]   长的
rosso   agg.   红色的
riccio   agg.   卷的
corto   agg.   短的
liscio   agg.   光滑的，顺的
ondulato   agg.   波浪式的
lunghezza   s.f.   长度
di media lunghezza   loc.   中等长度
brizzolato   agg.   （发）灰白色的
spazzola   s.f.   刷子，毛刷
capelli a spazzola   loc.   平头，寸头
minuto   agg.   娇小的
robusto   agg.   强健的
basso   agg.   矮的
alto   agg.   高的
grasso   agg.   胖的
magro   agg.   瘦的
anziano-a   agg., s.m./f   年老的，老人
vecchio-a   agg., s.m./f.   年老的，老人
corporatura   s.f.   身材，体格
carnagione   s.f.   肤色，面色
olivastro   agg.   黄褐色的
scuro   agg.   深色的
pelle   s.f.   皮肤
chiaro   agg.   浅色的
lentiggine   s.f. [spec. pl.]   雀斑
baffo   s.m. [spec. pl.]   小胡子
portare   v.tr.   戴，穿
occhiale   s.m. [spec. pl.]   眼镜
naso   s.m.   鼻子
alla francese   loc.   法国式的
difetto   s.m.   缺点
aquilino   agg.   鹰的，似鹰的
grosso   agg.   大的，巨大的
barba   s.f.   胡子
calvo   agg.   秃头的，秃的
secco   agg. [pl-chi-che]   干的
stanco   agg. [pl-chi-che]   累的
restio   agg.   勉强做的
farmacia   s.f.   药店
blu   agg. inv.   蓝色
rosa   agg. inv.   玫瑰红的，桃红的
viola   agg. inv.   浅紫色的
fucsia   agg. inv.   短筒倒挂金钟
cuoco-a   s.m./f. [pl.-chi-che]   厨师
pratico   agg. [pl.-ci-che]   实用的
inverno   s.m.   冬天，冬季
largo   agg. [pl.-ghi-ghe]   宽的
jeans   s.m. pl.   牛仔裤
bibita   s.f.   饮料
fresco   agg. [pl.-chi-che]   清凉的
farmaco   s.m. [pl.-ci]   药，药物
pacco   s.m. [pl.-chi]   包，包裹
antico   agg. [pl.-chi-che]   古的
pronto?   inter.   喂？
beato   agg.   有福的，幸福的
beati voi!   inter.   你们真有福！
finalmente   avv.   终于，最终
fidanzato-a   agg., s.m./f.
　　已订婚的；未婚夫（妻）
bravo   agg.   能干的
telefonata   s.f.   通话
per caso   loc. avv.   偶然
geloso   agg.   吃醋的，嫉妒的
dai   inter.   算了
vabbè   inter.   好吧
matto   agg.   疯的，发疯的
simile   agg.   相像的
rigido   agg.   严厉的，严格的
flessibile   agg.   柔顺的，顺从的
serio   agg.   严肃的，认真的
superficiale   agg.   肤浅的，浅薄的
brutto   agg.   丑的，难看的
antipatico   agg. [pl.-ci-che]   讨厌的
timido   agg.   胆小的，腼腆的
sé   pron.   自己
sicuro di sé   agg.   自信的
estroverso   agg.   外向的
introverso   agg.   内向的
divertente   agg.   好玩的，有趣的
noioso   agg.   乏味的
paziente   agg.   有耐心的
nervoso   agg.   紧张不安的
tranquillo   agg.   恬静的
teso   agg.   紧张的

allegro agg. 快乐的
triste agg. 忧郁的
intelligente agg. 聪明的
stupido agg. 愚蠢的
carino agg. 好看的，讨人喜欢的
insignificante agg. 微不足道的
ad esempio loc. avv. 例如
donna s.f. 女人
il che pron. 那件事
guastare v.tr. e intr. 有坏处
carattere s.m. 性格
vacanza s.f. 放假，休假
spiritoso agg. 幽默的
compagno-a s.m./f. 朋友，伙伴
viaggio s.m. 旅行
come mai loc. avv. 为什么
soprattutto avv. 尤其，特别
meglio avv. 较好地，更好地
te pron. ogg. 你
divertimento s.m. 娱乐，消遣，玩乐
buon divertimento! inter. 玩得高兴！
cascamorto s.m. [pl. cascamorti] 痴恋者
raccomandarsi v.rifl. 请求，恳求
pure cong. 也
inoltre cong. 另外
appassionato agg. 热爱的
giovanile agg. 年轻的
chiuso agg. 封闭的
aperto agg. 开朗的
realista agg. 注重现实的
idealista agg. s.m. e f. 理想主义的，理想主义者
pessimista agg. 悲观的
ottimista agg. 乐观的
calmo agg. 沉着的，镇定的
ansioso agg. 焦急的
dinamico agg. [pl.-ci-che] 活跃的
pigro agg. 懒惰的
metodico agg. [pl.-ci-che] 有条理的
incostante agg. 不专一的
ordinato agg. 有条理的
disordinato agg. 没条理的
riflessivo agg. 考虑周到的，审慎
impulsivo agg. 冲动的
attento agg. 专心的
distratto agg. 心不在焉的
responsabile agg. 负责任的
irresponsabile agg. 不负责任的
generoso agg. 慷慨的

avaro agg. 吝啬的
egoista agg. 自私的
altruista agg. 利他主义的
entusiasta agg. 热情的
sincero agg. 真挚的
separato agg. 分开的，分居的
senza prep. 没有
idea s.f. 思想
chiaro (deciso) agg. 明确的
lettura s.f. 阅读
sano agg. 健康的
principio s.m. 原则
monotonia s.f. 单调
dolce agg. 温柔的
sensibile agg. 敏感的
giusto agg. 恰当的，正确的
bellezza s.f. 美丽
acqua s.f. 水
sapone s.m. 肥皂
bellezza acqua e sapone espr. idiom. 简单的美
ideale agg. 理想的
paziente agg. 耐心的
impaziente agg. 不耐烦的
insensibile agg. 不敏感的
razionale agg. 有理智的
irrazionale agg. 无理性的
contento agg. 高兴的
scontento agg. 不高兴的
logico agg. [pl.-ci-che] 有逻辑的
illogico agg. [pl.-ci-che] 不合逻辑的
soddisfatto agg. 满意的
insoddisfatto agg. 不满意的
pregio s.m. 优点
anima s.f. 灵魂，心灵
anima gemella espr. idiom. 情投意合的人

Unità 4

veterinario-a s.m./f. 兽医
farmacista s.m. e f. 药剂师
barista s.m. e f. 酒吧服务员
segretario-a s.m./f. 秘书
meccanico-a s.m./f. [pl. -ci-che] 机械师
parrucchiere-a s.m./f. 理发师
poliziotto-a s.m./f. 警察
infermiere-a s.m./f. 护士
commesso-a s.m./f. 售货员
ospedale s.m. 医院
negozio s.m. 商店

autofficina	s.f. 车库	capire-isc.	v.tr. 懂, 理解, 明白
bar	s.m.inv. 酒吧	accomodarsi	v.rifl. 请坐
parrucchieria	s.f. 理发店	postazione	s.f. 位置
ditta	s.f. 公司	me	pron. ogg. 我
questura	s.f. 警察局	te	pron. ogg. 你
ambulatorio	s.m. 诊所	lui	pron. ogg. 他
società (compagnia)	s.f.inv. 公司	lei	pron. ogg. 她
ben pagato	agg. 挣得多	Lei	pron. ogg. 您
mal pagato	agg. 挣得少	noi	pron. ogg. 我们
sicuro	agg. 安全的	voi	pron. ogg. 你们
pericoloso	agg. 危险的	loro	pron. ogg. 他（她）们，它们
creativo	agg. 有创造力的	mi	pron. ogg. 给我，对我
monotono	agg. 单调的	ti	pron. ogg. 给你，对你
appassionante	agg. 动人的	gli	pron. ogg. 给他，对他
interessante	agg. 有意思的	le	pron. ogg. 给她，对她
stressante	agg. 有压力的	Le	pron. ogg. 给您，对您
leggero	agg. 轻松的	ci	pron. ogg. 给我们，对我们
faticoso	agg. 辛苦的	vi	pron. ogg. 给你们，对你们
piacere	v.intr. 使喜欢	gli	pron. ogg. 给他（她，它）们，对他（她，它）们
aspetto	s.m. 方面		
positivo	agg. 积极的，正面的	neanche	cong. 也不
negativo	agg. 消极的，反面的	giallo	agg. 黄色的；侦探的
utile	agg. 有用的	film	s.m. inv. 电影
perché	cong. 因为	film giallo	loc. 侦探电影
anche se	cong. 尽管	*vivere	v.tr. e intr. 生活
concorrente	s.m. e f. 竞争者	pane	s.m. 面包
quiz	s.m.inv. 问答比赛	panettiere-a	s.m./f. 面包师傅
sera	s.f. 晚, 夜晚	ristorante	s.m. 餐馆, 饭店
praticamente	avv. 实际上	cameriere-a	s.m./f. 服务员
da sempre	avv. 老早	stazione	s.f. 站
servizio	s.m. 服务	stazione di servizio	loc. 服务站
linguistico	agg. [pl. -ci-che] 语言的	benzinaio-a	s.m./f. 加油站工人
specializzato	agg. 专门的, 专业的	bambino-a	s.m./f. 小孩, 孩子
organizzazione	s.f. 组织	baby-sitter	s.f. inv. 保姆
convegno	s.m. 会议, 研讨会	tassista	s.m. e f. 出租车司机
fiera	s.f. 博览会	centralino	s.m. 电话总机
soddisfatto	agg. 满意的	centralinista	s.m. e f. 电话接线员
*riuscire -isc	v.intr. 能, 会	giornalista	s.m. e f. 记者
conciliare	v.tr. 协调	cassiere-a	s.m./f. 收款员
passare a	v.intr. 转到	segretario-a	s.m./f. 秘书
vita	s.f. 生活	fioraio-a	s.m./f. 卖花人
fortuna	s.f. 运气, 福气	dente	s.m. 牙齿
per fortuna	loc. avv. 幸亏, 幸好	porta	s.f. 门
bocca	s.f. 口, 嘴	camion	s.m.inv. 卡车
lupo	s.m. 狼	parrucca	s.f. [pl. -che] 假发
in bocca al lupo!	inter. 运气好	auto	s.f. inv. 汽车
turno	s.m. 值班, 轮班	gomma	s.f. 轮胎；橡胶
notte	s.f. 夜, 夜晚	biglietto	s.m 票

dentista s.m. e f.	牙医
portiere-a s.m./f.	看门人
camionista s.m. e f.	卡车司机
autista s.m. e f.	司机
gelataio-a s.m./f.	制（卖）冰激凌的人
gommista s.m. e f.	轮胎商
bigliettaio-a s.m./f.	售票员
barbiere-a s.m./f.	理发师
operaio-a s.m./f.	工人
infermiere-a s.m./f.	护士
pasticciere-a s.m./f.	制作（或出售）糕点的人
familiare s.m. e f.	家属，亲人
elenco s.m. [pl.-chi]	表，一览表
telefonico agg. [pl-ci-che]	电话的
sondaggio s.m.	测试，调查
volantino s.m.	传单
definitivo agg.	最后的，最终的
lavoro definitivo loc.	固定工作
stagionale agg.	季节的
lavoro stagionale loc.	季节性的工作
manuale agg.	手工的
lavoro manuale loc.	手工（体力）劳动
cambiamento s.m.	变化
disoccupazione s.f.	失业
fisso agg.	固定的
posto s.m.	职业，职位
posto fisso loc.	固定职位
addio inter.	再见，永别了
Lettere Moderne s.f. pl.	现代文学
vendere v.tr.	卖
prodotto s.m.	产品
linea s.f.	系列产品
guadagnare v.tr.	挣得，赚得
mese s.m.	月，月份
Storia Moderna s.f.	现代史
promotore s.m. [f.-trice]	推销者，促销者
commerciale agg.	商业的
centro commerciale s.m.	商业中心
netto agg.	纯的，净的
consegnare v.tr.	交付，交给
distribuire-isc v.tr.	分发，分放
preferire-isc v.tr.	宁愿，更喜欢
restare v.intr.	留在，待
ora s.f.	小时
comune (ente amministrativo) s.m.	市政厅
primo num. ord.	第一个
*crescere v.intr.	增加，增长
quattro num. card. inv.	四
media s.f.	平均数
in media loc.	平均
diploma s.f.	（高中）毕业
laurea s.f.	大学毕业
nel frattempo loc. avv.	同时
lavoretto s.m.	临时工作
villaggio s.m.	乡村，村落
villaggio-vacanze loc.	度假村
oltre che cong.	除了……之外
come prep.	作为
istruttore s.m. [f.-trice]	教练员
canoa s.f.	划艇
boomerang s.m.inv.	回飞镖
vela s.f.	帆船运动
windsurf s.m. [pl. inv.o -s]	风帆冲浪运动
scenografo-a s.m./f.	布景师
escursionista s.m.e f.	远足者，游览者
animatore s.m. [f.-trice]	动画片绘制者
temporaneo agg.	临时的
società (civile) s.f. [pl. inv.]	社会
adesso avv.	现在，目前
automaticamente avv.	自动地
ideale s.m.	理想
soldo s.m. [spec. pl.]	钱
*vedere v.tr.	看见
sentire v.tr.	听见
istruire [-isc] v.tr.	教育
segnare v.tr.	标明
sognare v.tr.	梦见
amare v.tr.	爱
servire v.tr. e intr.	为……服务；有用
spedire [-isc] v.tr.	寄，发送
*correre v.intr.	跑，奔跑
badare v.intr.	照顾，照料
*conoscere v.tr.	熟悉，通晓
tavolo s.m.	桌子，台子
*rispondere v.intr.	回答，回复
mezzo agg.	一半的
tempo s.m.	时间
mezzo tempo loc.	半天（工作制）
impegnare v.tr. e intr.	使花费精力
*richiedere v.tr.	需要
venditore s.m. [f.-trice]	售货员
*offrire v.tr.	提供，供给
part-time s.m.	临时工作
guadagno s.m.	挣钱
full-time s.m.	全职工作
oppure cong.	或者

on line　agg. inv.　网上的
mensile　agg.　每月的
diplomato-a　s.m./f.　高中毕业生
trentenne　s.m. e f.　三十岁的人
brillante　agg.　出众的，卓越的
comunicativo　agg.　健谈的
piacevole　agg.　愉快的
già　avv.　已经
curriculum　s.m. [pl. curriculum]　履历
foto　s.f. inv.　照片
spiegare　v.tr.　解释
giocare　v.intr.　玩，玩耍
pagare　v.tr.　支付，付款
originale　agg.　独创的，新颖的
dimenticare　v.tr.　忘记
litigare　v.intr.　争吵，吵架
sembrare　v.cop.　好像，看来是
pieno　agg.　满的，充满的
tempo pieno　loc.　全天（工作制）
impiegare　v.tr. e intr.　使用，利用
esercizio　s.m.　练习
grammatica　s.f. [pl.-che]　语法
salutare　v.tr.　跟……打招呼
Lingue Straniere　s.f. pl.　外语
estivo　agg.　夏天的
turistico　agg. [pl.-ci-che]　旅游的
accettare　v.tr.　接受
direttore　s.m. [f.-trice]　经理
agenzia　s.f.　代理处，公司
mandare　v.tr.　送，发送
CV　s.m. inv.　履历
ringraziare　v.tr.　感谢
preside　s.m. e f.　中学校长
regista　s.m. e f.　导演
giornale　s.m.　报纸
romanzo　s.m.　长篇小说
elegante　agg.　高雅的
maestro-a　s.m./f.　（小学）教师
severo　agg.　严格的，严厉的
scortese　agg.　不礼貌的，失礼地
semplice　agg.　简单的
caotico　agg. [pl.-ci-che]　混乱的
facile　agg.　容易的
alla buona　loc.　随和的
attraente　agg.　有吸引力的
libero　agg.　未婚的
gusto　s.m.　口味，品位
diverso　agg.　不同的

macchiato　agg.　有斑点的
caffè　s.m. inv.　咖啡
caffè macchiato　loc.　有一点牛奶的咖啡
parlato　agg.　口语的
casalinga　s.f. [pl.-ghe]　家庭主妇
pulire -isc　v.tr.　打扫
spesa　s.f.　购买
autonomo　agg.　自主的

Modulo 3

Unità 1

giardino　s.m.　花园
terrazzo　s.m.　晒台，阳台
confortevole　agg.　舒适的
attico　s.m. [pl.-ci]　楼顶房屋，顶楼
villa　s.f.　别墅
mansarda　s.f.　有复折屋顶的顶楼
casale　s.m.　农舍，乡间的房子
villetta　s.f.　小别墅
residence　s.m.inv.　住宅
appartamento　s.m.　公寓
campagna　s.f.　农村，乡下
zona　s.f.　区，地区
residenziale　agg.　住宅的
zona residenziale　loc.　住宅区
periferia　s.f.　郊区
commerciale　agg.　商业的
zona commerciale　loc.　商业区
condominio　s.m.　共同所有的不动产
trovarsi　v. rifl.　位于
letto　s.m.　床
camera　s.f.　房间
camera da letto　loc.　卧室
cucina　s.f.　厨房
soggiorno　s.m.　起居室，客厅
box-auto　s.m.inv.　车库
garage　s.m.inv.　汽车库
ripostiglio　s.m.　贮藏所
box-cantina　s.m.inv.　库房
studio (*stanza*)　s.m.　书房
doppio　agg.　双的
servizio　s.m.　卫生间
doppi servizi　loc.　两个浴室，两卫
lavanderia　s.f.　洗衣房，洗衣处
panoramico　agg. [pl.-ci-che]　全景的
bivano　agg., s.m.　两室公寓
trattabile　agg.　可商议的，可商讨的

GLOSSARIO

vero　agg.　真正的
affare　s.m.　生意
un vero affare　loc.　（划算）的交易
affittare　v.tr.　租
spazioso　agg.　宽敞的
trivano　agg., s.m.　三室公寓
semi-arredato　agg.　半装修的
cucinino　s.m.　小厨房
condominiale　agg.　共同的
escluso　agg.　被除外的
professionista　s.m.e f.　自由职业者
piano　s.m.　（楼）层
abitabile　agg.　可居住的
cucina abitabile　loc.　开放式厨房
ampio　agg.　宽阔的
riscaldamento　s.m.　供暖
termo-autonomo　agg.　独立供暖
centralizzato　agg.　中央的，集中的
cucinare　v.tr.　烹饪，烧，煮
mangiare　v.tr.　吃
vuoto　agg.　空的
mobile　s.m.　家具
vendita　s.f.　销售，卖
in vendita　loc.　出售
affitto　s.m.　租赁
in affitto　loc.　出租
finestra　s.f.　窗，窗户
balcone　s.m.　阳台
ascensore　s.m.　电梯
bagno　s.m.　浴室，卫生间
passare (trascorrere)　v.tr.　过，度过
molto　agg.　多的
salotto　s.m.　客厅
mancare　v.intr.　缺少
confort　s.m.inv.　舒适
giardiniere-a　s.m./f.　园丁
comodità　s.f.inv.　舒适
disagio　s.m.　不适
pensile　agg.　悬空的
portiere-a　s.m./f.　看门人，门房
connessione　s.f.　连接
connessione-Internet　loc.　网络连接
condizionatore　s.m.　空调
buio　agg.　黑暗的
scomodo　agg.　不舒适的
rumoroso　agg.　有噪音的
silenzioso　agg.　安静的
luminoso　agg.　明亮的

trafficato　agg.　交通堵塞的
costoso　agg.　贵的，昂贵的
economico　agg. [pl-ci-che]　便宜的
invitare　v.tr.　邀请
parcheggiare　v.tr.　停放（车辆）
*andare　v.intr.　去
a piedi　loc.　步行
video　s.m.inv.　视频，录像
*dare　v.tr.　给
festa　s.f.　聚会，晚会
posto　s.m.　位置，地方
auto　s.f.　汽车
posto-auto　loc.　车位
accogliente　agg.　舒适的，称心的
vista (panorama)　s.f.　视野，景色
centrale　agg.　中心的
spazio　s.m.　空间
*potere　v. servile　能，可以，可能
ospitare　v.tr.　接待，招待
computer　s.m. [pl. inv. o-s]　电脑
rigido　agg.　严格的，严厉的
vicino-a　s.m./f.　邻居
accordo　s.m.　一致，同意
*essere d'accordo　espr. idiom.　同意
ragione　s.f.　道理
*avere ragione　espr. idiom.　有道理
contrario　agg., s.m.　相反的，相反
università　s.f.inv.　大学
albergo　s.m. [pl.-ghi]　旅馆，饭店
pavimento　s.m.　地板
mensola　s.f.　（固定在墙上的）板
davanzale　s.m.　窗台
scrittoio　s.m.　写字桌，写字台
scaffale　s.m.　书架
doccia　s.f.　淋浴
pianoterra　s.m.inv.　底层，一层
passo　s.m.　步
due　num. card. inv.　二
fare due passi　espr. idiom.　散步
play-station　s.f. [pl. inv. o -s]　游戏机
ascoltare　v.tr.　听
lavare　v.tr.　洗
biancheria　s.f.　内衣，衣物
televisione　s.f.　电视
yoga　s.m.inv.　瑜伽
pranzo　s.m.　午饭
sala　s.f.　客厅
sala da pranzo　loc.　饭厅

a che punto   loc. avv.   到什么阶段
residenza   s.f.   寓所
universitario   agg.   大学的
frequentare   v.tr.   上（学），上（课）
*dividere   v.tr.   分
soddisfatto   agg.   满意的
prezzo   s.m.   价格
affitto (costo)   s.m.   租金
caro (prezzo)   agg.   贵的
dormitorio   s.m.   宿舍
saluto   s.m.   致意
grandezza   s.f.   大小
vantaggio   s.m.   优势
svantaggio   s.m.   劣势
emigrare   v.intr.   移居他乡
centro   s.m.   中心
meridionale   agg., s.m. e f.   南方的，南方人
all'inizio   loc. avv.   开始
affrontare   v.tr.   面对，面临
nuovo   agg.   新的
problema   s.m. [pl. -i]   问题
*sapere   v.tr. e servile   知道，会
maturare   v.intr.   成熟
magari   avv.   可能，也许
alla fine   cong. test.   最终，最后
immobiliare   agg., s.f.   不动产的房地产公司
bacheca   s.f. [pl.-che]   布告栏
fuorisede   agg., s.m. e f. inv.
   异地的，离家求学在外的学生
conveniente   agg.   方便的
calore   s.m.   热情
padrone-a   s.m./f.   主人
padrone-a di casa   loc.   房东
trattare   v.tr.   对待
all'interno di   loc. prep.   在……的内部
godere   v.tr. e intr.   享受，享有
campus   s.m. inv.   校园
incontrare   v.tr.   碰到
ora   s.f.   时，小时
ricevimento   s.m.   接待
amicizia   s.f.   友谊
*fare amicizia   espr. idiom.   交朋友
tutor   s.m. [pl. inv. o -s]   家教
indietro con   loc. prep.   落后
alloggio   s.m.   住处
test   s.m. [pl.inv. o -s]   测验，考查
pratica   s.f. [pl. -che]   练习
migliorare   v.tr.   改进，改善

spiegazione   s.f.   解释
traduzione   s.f.   翻译
adattamento   s.m.   适应，适合

Unità 2

rivoluzione   s.f.   革命
scoperta   s.f.   发现
penicillina   s.f.   青霉素，盘尼西林
arrivo   s.m.   到，到达
luna   s.f.   月亮
unità   s.f.inv.   统一
repubblica   s.f. [pl.-che]   共和国
popolare   agg.   人民的
*nascere   v.intr.   出生
settimo   num. ord.   第七
quarto   num. ord.   第四
nono   num. ord.   第九
quinto   num. ord.   第五
primo   num. ord.   第一
decimo   num ord.   第十
terzo   num ord.   第三
sesto   num ord.   第六
ottavo   num ord.   第八
secondo   num ord.   第二
undicesimo   num ord.   第十一
trentesimo   num ord.   第三十
regina   s.f.   女王，王后
unito   agg.   统一的
regno   s.m.   王国
Regno Unito   loc.   联合王国，英国
distretto   s.m.   区，行政区，地区
classifica   s.f. [pl.-che]   名次，排名
campionato   s.m.   锦标赛，冠军赛
morte   s.f.   死，死亡
corso   s.m.   课程
ventunesimo   num. ord.   第二十一
secolo   s.m.   世纪
pensione   s.f.   退休金，养老金
in pensione   loc.   退休
classificato-a   agg., s.m./f.
   参加排名的，参加排名的人
concorso   s.m.   竞赛，比赛
scrittura   s.f.   书写，写字
bilingue   agg., s.m e f. [pl. -gui]   双语的，双语
deciso   agg.   坚决的，果断的
superficie   s.f.   面积
quadrato   agg.   平方的
metro   s.m.   米

metro quadrato   loc.   平方米
misurare   v.tr.   量，测量
desiderare   v.tr.   要求，渴望
chiamare   v.tr.   打（电话）
vario   agg.   不同的
lontano da   loc. prep.   离……远
complesso   s.m.   综合体，联合体
verde   s.m.   绿色，绿地，绿化区
*decidere   v.tr.   决定
grazie tante   inter.   非常感谢
costo   s.m.   花费，费用
centro   s.m.   中心
storico   agg. [pl.-ci-che]   历史的
centro storico   loc.   历史中心
ristrutturato   agg.   重新改造的
ingresso   s.m.   入口，进口
compreso   agg.   包括的
rustico   agg., s.m. [pl.-ci-che]   乡村的
semi-ristrutturato   agg.   半改造的
livello   s.m.   水平面
terreno   s.m.   土地，田地
coltivabile   agg.   可耕种的
toscano   agg.   托斯卡纳大区的
confine   s.m.   边境，边界
breve   agg.   短期的，短暂的
periodo   s.m.   时期，阶段
palazzo   s.m.   大楼，楼
signorile   agg.   绅士派头的，豪华的
arredato   agg.   装修的
telefonare   v.intr.   给……打电话
terrazza   s.f.   大阳台，晒台
coperto   agg.   覆盖着的
*spendere   v.tr.   花（钱），花费
epoca   s.f. [pl.-che]   时代，时期
rustico d'epoca   loc. [pl.-ci]   古老的乡间房子
assoluto   agg.   绝对的
privacy   s.f.inv.   隐私
costare   v.intr.   价值，价格为
luce   s.f.   光
acqua   s.f.   水
veranda   s.f.   游廊，走廊；阳台间
salone   s.m.   大厅
composto   agg.   由……组成的
cottura   s.f.   烧，煮，烹调
angolo   s.m.   角落
angolo-cottura   loc.   小厨房
posto-letto   loc.   床位
a causa di   loc. prep.   因为，由于

trasferimento   s.m.   搬家，迁移
bilocale   s.m.   两室公寓
stazione   s.f.   站，火车站
ammobiliato   agg.   带家具的
monolocale   s.m.   一室公寓
vicinanza   s.f. [spec.pl.]   临近，靠近

Unità 3

bidet   s.m.inv.   坐浴盆
gas   s.m.inv.   煤气
cucina (*piano cottura*)   s.f.   炉灶
cucina a gas   loc.   煤气灶
lavello   s.m.   盥洗盆，洗脸池
portaombrelli   s.m.inv.   伞架
comodino   s.m.   床头
armadio   s.m.   衣柜，衣橱
specchio   s.m.   镜子
cassapanca   s.f. [pl. -che/cassepanche]   椅式箱
tappeto   s.m.   地毯
frigorifero   s.m.   冰箱
lavatrice   s.f.   洗衣机
poltrona   s.f.   扶手椅，沙发
lavabo   s.m.   盥洗池，洗手盆
tavolino   s.m.   小桌子
scrivania   s.f.   写字台，办公桌
camino   s.m.   壁炉
credenza   s.f.   餐具柜，碗橱
lampada   s.f.   灯
libreria   s.f.   书架，书橱
scarpiera   s.f.   鞋架，鞋柜
quadro   s.m.   画
davanti a   loc. prep.   在……前面
sotto   prep., avv.   在……下面
sopra   prep., avv.   在……上面
vicino a   loc. prep.   离……近
accanto a   loc. prep.   在……旁边
dietro   prep.   在……后面
al centro di   loc. prep.   在……中心
attorno/intorno a   loc.prep.   在……附近
di fronte a   loc. prep.   在……对面
tra... e ...   loc. prep.   在……之间
prima di   loc. prep.   在……之前
dopo   prep.   在……之后
presso   prep.   在……之中
oltre   prep.   在……之外
dentro   prep.   在……里面
fuori di   loc. prep.   在……外面
nel mezzo di   loc. prep.   在……中

a sinistra di	loc. prep.	在……左边	
a destra di	loc. prep.	在……右边	
bagnetto	s.m.	小浴室	
vasca	s.f. [pl. -che]	大盆，水盆	
vasca da bagno	loc.	浴盆	
water	s.m.inv.	抽水马桶	
arredamento	s.m.	室内布置，装饰	
portacenere	s.m. inv.	烟灰缸	
aspirapolvere	s.m. inv.	吸尘器	
cassaforte	s.f. [pl. casseforti]	保险柜	
portachiavi	s.m.inv.	钥匙圈	
attaccapanni	s.m. inv.	衣架	
portacandela	s.m. [pl. portacandele]	烛台	
videocitofono	s.m. [pl. videocitofoni]	视频电话	
lavastoviglie	s.f. inv.	洗碗机	
portarifiuti	s.m. inv.	垃圾桶	
lucidapavimenti	s.f.inv.	地板上光机	
stendibiancheria	s.m.inv.	晒衣架	
comunicante	agg.	相通的	
corridoio	s.m.	走廊	
studiolo	s.m.	小书房	
cortiletto	s.m.	小院子	
in fondo a	loc. prep.	在……的尽头	
sulla sinistra	loc. avv.	在左边	
saletta	s.f.	小客厅	
entrare	v.intr.	进入	
sulla destra	loc. avv.	在右边	
piantina	s.f.	平面图	
disimpegno	s.m.	通道	
invitato-a	s.m./f.	客人，来宾	
pace	s.f.	平静，安宁	
rumore	s.m.	噪音	
interno	agg.	内部的	
bastare	v.intr.	足够	
appena	avv.	刚刚	
veramente	avv.	真地	
non *vedere l'ora di	espr. idiom.	等不及	
casetta	s.f.	小房子	
casaccia	s.f.	破房子	
casina	s.f.	小房子	
stradaccia	s.f.	破路	
stradina	s.f.	小路	
palazzaccio	s.m.	旧楼	
palazzina	s.f.	小楼	
portonaccio	s.m.	旧大门	
portoncino	s.m.	大门（小的）	
tavolaccio	s.m.	破桌子	
villona	s.f.	大别墅	
balconcino	s.m.	小阳台	
terrazzino	s.m.	小平台，小阳台	
cameretta	s.f.	小房间	
divanetto	s.m.	小长沙发	
mobiletto	s.m.	小家具	
poltronaccia	s.f.	旧扶手椅，旧沙发	
dormire	v.intr.	睡觉	
lettone	s.m.	大床	
sediaccia	s.f.	旧椅子	
tappetino	s.m.	小地毯	
ottone	s.m.	黄铜	
vetro	s.m.	玻璃	
legno	s.m.	木头	
plastica	s.f.	塑料	
pelle (materiale)	s.f.	皮，皮革	
stoffa	s.f.	布	
arancione	agg.	橙黄色的	
giallo	agg.	黄色的	
beige	agg. inv.	米色的	
ovale	agg.	椭圆形的	
quadrato	agg.	正方形的	
rettangolare	agg.	长方形的	
rotondo	agg.	圆形的	
ad angolo	loc.	拐角式	
portafoto	s.m.inv.	相架，相框	
sediolina	s.f.	小椅子	
scala	s.f.	梯子	
chiocciola	s.f.	蜗牛	
scala a chiocciola	loc.	盘旋式楼梯	
copriletto	s.m.inv.	床罩	
cuscino	s.m.	枕头	
vassoio	s.m.	托盘，茶盘	
stupendo	agg.	漂亮的	
sistemare	v.tr.	整理，摆放	
*mettere	v.tr.	放，置	
spostare	v.tr.	移动	
decisione	s.f.	决定	
insieme	avv.	一起	
proposta	s.f.	提议	
suggerimento	s.m.	建议	
pensare	v.intr.	想	
ottimo	agg.	最好的	
ottima idea!	inter.	绝好的想法！	
parere	s.m.	看法，意见	
*esprimere	v.tr.	表达	
preferenza	s.f.	偏爱，喜好	
cassettiera	s.f.	带抽屉的家具	
sufficiente	agg.	足够的	

cambiare   v.tr.   变化，改变
*uscire   v.intr.   出去
genere   s.m.   类型，种类
plasma   s.m.   等离子体
televisore al plasma   loc.   等离子电视
arredare   v.tr.   装饰
senza   prep.   没有
tanto   agg.   很多的
semicentrale   agg.   半中心的
altrimenti   cong. test.   另外，要不然
pianterreno   s.m.   底层，一层
importante   agg.   重要的
soffitta   s.f.   阁楼，顶楼
realizzare   v.tr.   实现
trave   s.f.   梁
a vista   loc.   凭眼看的
*scegliere   v.tr.   选择
atmosfera   s.f.   氛围，气氛
rilassante   agg.   放松的
risparmiare   v.tr.   节省
coppia (persone)   s.f.   夫妇
in genere   loc. avv.   通常
colore   s.m.   颜色
vivace   agg.   有活力的
creare   v.tr.   创造，制造
contrasto   s.m.   对比
gradevole   agg.   令人愉快的
parete   s.f.   墙壁
maturo   agg.   成熟的
tenue   agg.   浅淡的
sogno   s.m.   梦
diventare   v.intr.   变成
realtà   s.f.inv.   现实
pianta   s.f.   植物
sempreverde   agg., s.f.   常青的，常绿植物
idraulico-a   s.m. [pl.-ci-che]   水工
tenda   s.f.   窗帘
elettricista   s.m. e f.   电工
elettrico   agg. [pl.-ci- che]   电的
stufa   s.f.   炉子
consumare   v.tr.   消耗
troppo   avv.   太多
imbianchino-a   s.m./f.   粉刷工人
troppo   agg.   太多的
funzionare   v.intr.   运转，运行
muratore   s.m.   砖石工，泥瓦工
caldaia   s.f.   锅炉
rotto   agg.   损坏的

pitturare   v.tr.   上漆，刷漆
*accendere   v.tr.   点火，点燃
riparare   v.tr.   修理，修复
arrivare   v.intr.   到达，到
sporco   agg. [pl.-chi-che]   脏的
aumentare   v.tr. e intr.   提高，增高
faccenda   s.f [qui pl.]   事情，事务
stirare   v.tr.   熨烫
pulire-isc   v.tr.   打扫，擦洗
spazzatura   s.f.   垃圾
cassonetto   s.m.   垃圾箱
spolverare   v.tr.   除去灰尘
piatto   s.m.   盘子
piastrella   s.f.   方砖，瓷砖
parquet   s.m.inv.   镶木地板
marmo   s.m.   大理石
dipinto   agg.   粉刷的
incartato   agg.   贴墙纸的
pulizia   s.f. [spec.pl.]   卫生
domestico-a   s.m./f. [pl.-ci-che]   佣人
stile   s.m.   风格
tradizionale   agg.   传统的
vano   s.m.   房间
porta-CD   s.m.inv.   光盘夹
redazione   s.f.   编辑部，编辑（总称）
rivista   s.f.   杂志
DVD   s.m.inv.   影音光碟
*attendere   v.tr.   等，等待
risposta   s.f.   回复，回答
cordiale   agg.   衷心的
navigare   v. int.   航行，（互联网上）漫游，浏览
vietato   agg.   禁止的
inquilino-a   s.m./f.   租客，房客
traslocare   v.tr. e intr.   移动
occupato   agg.   被占的，占用的
mutuo   s.m.   借，抵押

Modulo 4

Unità 1

ufficio   s.m.   办公室
turistico   agg. [pl.-ci-che]   旅游的
ufficio turistico   loc.   旅游办公室
stadio   s.m.   体育场
museo   s.m.   博物馆
biblioteca   s.f. [pl.-che]   图书馆
polizia   s.f.   警察（总称）
commissariato   s.m.   警察局

commissariato di polizia	loc. 警察局	moto	s.f.inv. 摩托
postale	agg. 邮政的，邮局的	passare da (andare)	v.intr. 去一趟
ufficio postale	loc. 邮局	guida	s.f. 驾驶
viale	s.m. 林荫大道	scuola guida	loc. 驾驶学校
piazza	s.f. 广场	chiacchiera	s.f. 闲聊
metropolitana	s.f. 地铁	fare quattro chiacchiere	espr. idiom. 聊天
autobus	s.m.inv. 公共汽车	casco	s.m. [pl.-chi] 头盔
taxi	s.m.inv. 出租车	rinnovare	v.tr. 更新
*dovere	v. serv. 必须，应当	patente	s.f. 驾驶执照
aeroporto	s.m. 机场	ripassare	v.tr. 复习
treno	s.m. 火车	fotocopia	s.f. 复印件
fine settimana	s.m.inv. 周末	regalo	s.m. 礼物
mezzo	s.m. 交通工具	ritirare	v.tr. 领取
impegnato	agg. 忙的，有事的	bolletta	s.f. 收条，收据，通知单
*venire	v.intr. 来	luce (elettricità)	s.f. 电灯
peccato	s.m. 遗憾，可惜	libero	agg. 有空的，闲的
che peccato!	inter. 真遗憾！	d'accordo!	inter. 同意
comunque	cong. test. 无论如何	*andare a prendere	v. fras. 去接
prima di tutto	loc. avv. 首先	usare	v.tr. 用，使用
distare	v.intr. 距，有……距离	*correre	v.intr. 跑
orario	s.m. 时刻表	progetto	s.m. 计划
passare (autobus)	v.intr. 经过	via	avv. 离，远离
fermata	s.f. 停车站	abbraccio	s.m. 拥抱
conducente	s.m. e f. 驾驶员，司机	chilometro	s.m. 公里
Dio mio!	inter. 天哪！	motorino	s.m. 轻便摩托车
corriera	s.f. 长途公共汽车	trasmissione	s.f. 转播，节目
puntuale	agg. 准时的	sentito	agg. 听到的
appuntamento	s.m. 约会	circolazione	s.f. 通行
riunione	s.f. 会议	puntata	s.f. 一集
esame	s.m. 考试	capitale	s.f. 首都
giro	s.m. 巡回，游览	ascoltatore	s.m. [f.-trice] 听众
in giro	loc. 转一转	fan	s.m. e f. [pl.inv. o -s] 爱好者，迷
annuncio	s.m. 通知，启事	quattroruote	s.f.inv. 小汽车
mostra	s.f. 展览	traffico	s.m. 交通堵塞
ricerca	s.f. [pl.-che] 研究	di punta	loc. 最高点的
passaporto	s.m. 护照	ora di punta	espr. idiom. 高峰时刻
controllo	s.m. 检查	rapporto	s.m. 关系
medico	agg. [pl.-ci-che] 医学的，医疗的	camminare	v.intr. 走路
raccomandata	s.f. 挂号信	inquinare	v.tr. 污染
*assistere	v.intr. 出席，参加，参与	ambiente	s.m. 环境
lezione	s.f. 课，一节课	pubblico	agg. [pl.-ci-che] 公共的
spedire-isc	v.tr. 寄	passare (trascorrere)	tr. 度过
pacco	s.m. [pl.-chi] 包裹	fine	s.f. 结尾，末端
prestito	s.m. 借	fine anno	loc. 年末
in prestito	loc. 出借（借用）	spesa	s.f. 买，购买
informazione	s.f. 信息	*fare spese	espr. idiom. 购物
assicurazione	s.f. 保险	mare	s.m. 大海
accessorio	s.m. 配件	montagna	s.f. 山

stasera avv. 今晚
locale (posto) s.m. （咖啡馆等）公共场所
quarto s.m. 一刻钟
minuto s.m. 分钟
pausa s.f. 终止，暂停；停顿
fretta s.f. 急忙，匆忙
in fretta loc avv. 迅速地，急急忙忙地
partenza s.f. 出发
*volerci v. pron. 要，需要
*metterci v. pron. 花，用（时间等）
ancora avv. 还（有）
dieci num. card. inv. 十
grazie tante! inter. 非常感谢！
prego! inter. 不客气！
niente pron. 小事，微不足道的事
di niente! inter. 没有什么可谢的！不谢！
esercizio s.m. 练习
impegno s.m. 努力，热忱
imparare v.tr. 学，学习
un secolo loc. 一个世纪（指很长时间）
viaggiare v.intr. 旅行
municipio s.m. 市政厅
conferenza s.f. 研讨会，演讲（会）

Unità 2

tabaccheria s.f. 烟草店，杂货店
edicola s.f. 书报摊，报亭
cartoleria s.f. 文具店
incrocio s.m. 十字路口
rotatoria s.f. 转盘
semaforo s.m. 红绿灯
traversa s.f. 横路
diritto avv. 直地
avanti avv. 向前
girare v.intr. 转，拐
continuare v.intr. 继续
attraversare v.tr. 穿过
proseguire v.intr. 继续
inizio s.m. 开头，开端
all'inizio di loc. prep. 在……的开头
esatto! inter. 对的！没错！
grazie mille! inter. 十分感谢！
figurarsi v. rifl. 想象，设想
figurati! inter. 瞧你说的！
ultimo agg. 最后的
numero (rivista) s.m. （报刊）期，册
tornare v.intr. 会
decente agg. 像样的，体面的

circolare v.intr. 环绕
tram s.m.inv. 有轨电车
custodito agg. 看守的
procedere v.intr. 行进，前进
seguire v.tr. 跟随
svoltare v.intr. 转弯，拐弯
segnale s.m. 标识
stradale agg. 道路的，公路的
sbagliare v.tr. e intr. 弄错，搞错
indicazione s.f. 指示
parte s.f. 部分
attenzione s.f. 注意力，留心
attenzione! inter. 注意！当心！
centinaio s.m. [pl. f.-a] 百，百来个
interrotto agg. 中断的，受阻的
passaggio s.m. 搭车
dare un passaggio espr. idiom. 让人搭车
aspettare v.tr. 等
indicare v.tr. 指，指出
archeologico agg. [pl-ci-che] 考古的
*salire v.tr. e intr. 爬上，登上
allacciare v.tr. 系，束
cintura s.f. 带，束带
sicurezza s.f. 安全
guidare v.tr. e intr. 驾驶，开汽车
pazienza s.f. 耐心
lento agg. 慢的
vigile s.m. 警察
favorire-isc v.tr. 递给，给予
sostituire-isc v.tr. 代替
*avere fretta espr. idiom. 着急
consiglio s.m. 建议
evitare v.tr. 避免
restituire-isc. v.tr. 还，归还
*raggiungere v.tr. 到达
comunicare v.tr. 告知，通知，传达
agente s.m. 代理人，经纪人
agente immobiliare loc. 房地产代理商
striscia s.f. [pl. -sce] 条，带
pedonale agg. 行人的
chiuso agg. 关的，关闭的
che fortuna! inter. 多幸运呀！
posto (parcheggio) s.m. 车位
divieto s.m. 禁止
sorpassare v.tr. 超过
veicolo s.m. 车辆
corsia s.f. 行车道
sciopero s.m. 罢工

capostazione   s.m. [pl.capistazione]   （火车站）站长
incustodito   agg.   无人看守的
chiave   s.f.   钥匙
al solito   loc. avv.   平常
metro   s.f.inv.   地铁
*scendere   v.intr.e tr.   下车，下
dolce   agg.   甜的，甜蜜的
dolce vita   espr. idiom.   甜蜜的生活
bus   s.m.inv.   公共汽车
portare (condurre)   v.tr.   带到
bigliettaio-a   s.m./f.   售票员
buona giornata!   escl.   一天愉快！
infine   cong.   最后
andare bene per   espr. idiom.   走得对
vaporetto   s.m.   小汽船
lungomare   s.m.inv.   沿海公路
grazie a   loc. prep.   多亏，由于
punto   s.m.   点，分
a punti   loc.   积分式
incidente   s.m.   事故
diminuire -isc.   v.tr.e intr.   减少
vigore   s.m.   生效，效力
in vigore   loc.   有效
compiere   v.intr.   完成，结束
noto   agg.   著名的，熟知的
*consistere   v.intr.   在于
penalizzare   v.tr.   处罚
automobilista   s.m. e f.   汽车驾驶员
violare   v.tr.   违反
codice (regolamento)   s.m.   规则
sistema   s.m.   体系，系统
disposizione   s.f.   支配
a disposizione   loc.   可支配的
scalare   v.tr. e intr.   扣除
a seconda di   loc. prep.   按照
infrazione   s.f.   违犯，违反
di conseguenza   cong. test.   因此，所以
azzeramento   s.m.   归零
bonus   s.m. inv.   赠分
iniziale   agg.   开始的
comportare   v.tr.   带来
ritiro   s.m.   收回
quota   s.f.   份额，限额
possibilità   s.f.inv.   可能性
recuperare   v.tr.   复得，恢复
sei   num. card. inv.   六
iniziare   v.intr.   开始
bilancio   s.m.   小结，总结

mortale   agg.   致死的，致命的
diminuzione   s.f.   减少
in diminuzione   loc.   减少
rete   s.f.   网，网络
autostradale   agg.   高速公路的
multa   s.f.   罚款
eccesso   s.m.   超出，过量
velocità   s.f.inv.   速度
entrata   s.f.   进，进入
obbligo   s.m. [pl.-ghi]   义务，责任，职责
patentino   s.m.   临时（限期）执照
minorenne   agg., s.m e f.   未成年的，未成年者
ciclomotore   s.m.   机动脚踏车
quadriciclo   s.m.   四轮车
fuoristrada   agg., s.m.inv.   越野的，越野汽车
misura   s.f.   措施，办法
governo   s.m.   政府
adottato   agg.   采用的
*ridurre   v.tr.   减少
conseguenza   s.f.   后果
modello   s.m.   模范，典范
rapporto   s.m.   报告
osservare   v.tr.   遵守
*perdere   v.tr.   失去
grave   agg.   严重的
rischiare   v.tr.   冒险，有危险
calare   v.intr.   减少，降低
obbligatorio   agg.   必须履行的
aumentare   s.m.   增加
prudente   agg.   谨慎的，小心的
*commettere   v.tr.   犯（错误等）
aumento   s.m.   增加，增长
in aumento   loc.   提高

Unità 3

cattedrale   s.f.   主教教堂，大教堂
panchina   s.f.   长凳
fontana   s.f.   喷泉
aiuola   s.f.   花坛
statua   s.f.   雕像
poco   agg. [pl-chi-che]   少的
*dare su   espr. idiom.   面向
campanile   s.m.   钟楼
comunale   agg.   市的，镇的
patrono   s.m.   守护神，主保圣人
speciale   agg.   特别的
pensioncina   s.f.   小膳宿公寓
benzina   s.f.   汽油

distributore	s.m.	销售者，分配者	a pagamento	loc.	要付钱的
settimanale	s.m.	周刊，周报	tariffa	s.f.	价目表
interculturalità	s.f.	跨文化交际	variare	v.tr. e intr.	变化
organizzare	v.tr.	组织	valido	agg.	有效的
intervistare	v.tr.	采访	convalida	s.f.	生效
posizione (posto)	s.f.	位置	consentire	v.tr.	允许
famoso	agg.	著名的	timbrare	v.tr.	盖印，盖章
pace	s.f.	平静，安宁	corsa (tragitto)	s.f.	路程，车程
oasi di pace	espr. idiom.	宁静的地方	capolinea	s.m.inv.	终点站
parco	s.m. [pl.-chi]	公园	giornaliero	agg.	每日的，天天的
straordinario	agg.	非同寻常的	timbratura	s.f.	盖印，盖章
traghetto	s.m.	渡船	automatico	agg. [pl.-ci-che]	自动的
chiesa	s.f.	教堂	collegare	v.tr.	连接
spola	s.f.	（织机的）梭	valle	s.f.	山谷
*fare la spola	espr. Idiom	经常往来于	montano	agg.	山的
isola	s.f.	岛	girare (circolare)	v.intr.	转，环绕
continente	s.m.	大陆，陆地	sigla	s.f.	首字母缩写词
affascinante	agg.	迷人的	inquinato	agg.	被污染的
vivo	agg.	生气勃勃的	ingorgo	s.m. [pl.-ghi]	阻塞，堵塞
ricco	agg. [pl.-chi-che]	富有的	trasporto	s.m.	交通
storia	s.f.	历史	prenotare	v.tr.	预订
importanza	s.f.	重要性	artistico	agg. [pl.-ci-che]	艺术的
internazionale	agg.	国际的	serata	s.f.	晚间，夜晚
vetrina	s.f.	橱窗	situato	agg.	位于
sostare	v.intr.	停留，停下来	naturale	agg.	自然的
caffè (locale)	s.m.inv.	咖啡馆	mite	agg.	温和的
pasticceria	s.f.	糕点铺，点心铺	clima	s.m.	气候
torinese	agg., s.m. e f.	都灵的，都灵人	mediterraneo	agg.	地中海的
punto	s.m.	（表地点）点，处	boutique	s.f.inv.	妇女时装商店
legato	agg.	联系，连接	tardo	agg.	晚的
automobilistico	agg. [pl-ci-che]	汽车的	*trascorrere	v.tr.	度过
casa (industria)	s.f.	公司	metà	s.f.inv.	一半
efficiente	agg.	有效的，高效的	dolce metà	espr. idiom.	恋爱中的另一半
linea	s.f.	线，线路	perciò	cong.	因此
cittadino-a	s.m./f.	市民	corso (strada)	s.m.	街道
rapido	agg.	快的	principale	agg.	主要的
mobilità	s.f.inv.	流动性，出行	passeggiare	v.intr.	散步
territorio	s.m.	地区	pieno	agg.	满的
urbano	agg.	城市的	incantevole	agg.	迷人的
utilizzare	v.tr.	利用	splendido	agg.	非常漂亮的
raccordo	s.m.	连接物	Pechino	s.f.	北京
collegato	agg.	连接的	cosmopolita	agg.	全世界的，各国人都有的
ferroviario	agg.	铁路的	conservare	v.tr.	保存，保留
*esistere	v.intr.	存在	per esempio	loc. avv.	例如
totalmente	avv.	完全地	chiacchierare	v.intr.	聊天
limitato	agg.	限制的	risciò	s.m.inv.	人力车，黄包车
giornata	s.f.	全天	pechinese	agg., s.m. e f.	北京的，北京人
pagamento	s.m.	付款	divertimento	s.m.	娱乐，消遣，玩乐

*resistere v.intr. 经得住，保持
*permettere v.tr. 允许，准许，许可
pianeggiante agg. 平的，平坦的
dueruote s.f.inv. 自行车
fantastico agg. [pl.-ci-che] 奇妙的，神奇的，好的
incontro s.m. 见面
luogo d'incontro loc. 见面的地方
chiuso (vietato) agg. 封闭的
adorare v.tr. 喜爱，很喜欢
terminale s.m. 终点站
difficoltà s.f.inv. 困难
bacio s.m. 吻
mittente s.m. e f. 寄信人
destinatario-a s.m./f. 收信人
scopo s.m. 目的
messaggio s.m. 信件，消息
formula s.f. 惯用语，套话
chiusura s.f. 结束
firma s.f. 签字
addio s.m. 告别，告辞
festa di addio loc. 告别晚会
preciso agg. 确切的
invito s.m. 邀请，约请
di nuovo loc. avv. 重新，再次
scialle s.m. 披肩，披巾
scimmia s.f. 猴子
gonna s.f. 裙子
pesce s.m. 鱼
colorato agg. 有色的，彩色的
sciarpa s.f. 围巾，头巾
prato s.m. 草地
verde prato loc. 绿草地
bucato s.m. 洗过的衣服
asciugare v.tr. 晾干
vascello s.m. 战船
prosciutto s.m. 奶酪
saporito agg. 美味的，可口的，好吃的
fascia s.f. 带子
dito s.m. [pl- f. dita] 手指
sci s.m.inv. 滑雪板
sciatore s.m. [f.-trice] 滑雪运动员
schianto s.m. 绝色佳人
scherzare v.intr. 开玩笑
sciocco agg. [pl.-chi-che] 笨的，傻的
bruschetta s.f. 一种烤面包
pesca s.f. [pl. -che] 桃子
alla pesca loc. 桃子味的

schizzo s.m. 草图
maschera s.f. 面具
secco agg. [pl.-chi-che] 干瘦的
scheletro s.m. 骨骼，骨瘦如柴的人
schietto agg. 坦率的
sciupare v.tr. e intr. 毁坏，损坏，弄坏
fare scena espr. idiom. 引人注目
scherma s.f. [solo sing.] 击剑，击剑术
schiappa s.f. 不中用的人，无能的人
scivolare v.intr. 滑，溜走
biscia s.f. [pl.bisce] 蛇
scontrino s.m. 小票，收据
scordare v.tr. 忘记，遗忘
suonare v.tr. 弄响
clacson s.m.inv. （汽车）喇叭
superare v.tr. 超过
precedenza s.f. 先行，先行权
senso s.m. 方向
marcia s.f. 行进
limite s.m. 限度，限制
massimo agg. 最大的
segnalazione s.f. 信号
acustico agg. [pl.-ci-che] 听觉的
diritto s.m. 权，权利
inversione s.f. 转向驶进，掉头
stop s.m.inv. 停，停车
svolta s.f. 拐，转
veloce avv. 快的
calma s.f. 平静，镇静
favore s.m. 帮助
premere v.tr. 按，压
digitare v.tr. 输入，键入
seguire v.tr. 遵照
selezionare v.tr. 选择
tasto s.m. 键
tragitto s.m. 路程
viabilità s.f. （车辆）通行情况
menù s.m.inv. 菜单
verso prep. 向，朝
operatore s.m. [f.-trice] 操作人员
bivio s.m. （道路）岔口
autostrada s.f. 高速公路
statale agg. 国家的
albero s.m. 树，树木
edificio s.m. 建筑
intenso agg. 紧张的，强烈的，密集的
laterale agg. 侧面的，旁边的

APPENDICE
附　　录

● **Modulo 1**

- Unità 3

XV. Lavoro di coppia. Decidete chi siete - Studente A/Studente B - e, a turno, completate il modulo sotto. Lo Studente A fa domande allo Studente B e lo Studente B risponde e viceversa. Lo Studente A è a pag 32.
Studente B: rispondi alle domande dello Studente A e fai domande.

Cognome: _____
Nome: _____
Età: _____
Luogo di nascita: _____
Nazionalità: _____
Indirizzo: _____
Indirizzo e-mail: _____
Numero di telefono: (*casa*) _____
(*cellulare*) _____
Professione: _____

Cognome: Beckett
Nome: Clarissa
Età: 25
Luogo di nascita: Toronto
Nazionalità: canadese
Indirizzo: corso Dante Alighieri n.56 -10100 Torino
Indirizzo e-mail: beclarissa@yahoo.it
Numero di telefono: (*casa*)011-8821853
(*cellulare*) 348827596
Professione: Interprete

● **Modulo 3**

- Unità 1

XVII. Lavoro di coppia. Decidete chi siete - Studente A/Studente B - e fate un dialogo in cui parlate delle comodità e dei disagi della vostra casa. Lo Studente A è a pag. 82.

| COMODITÀ: | comodo cucinino | giardino | ampio terrazzo |
| DISAGI: | connessione-Internet | box-auto | condizionatore |

- Unità 2

XX. Lavoro di coppia. Decidete chi siete - Studente A/Studente B - e fate un dialogo. Lo Studente A è a pag 94.
● Studente B: sei interessato ad acquistare un appartamento. Fai domande allo Studente A e annota le risposte.
1. mq? _____ 2. piano? _____ 3. balcone? terrazza? ascensore? _____
4. riscaldamento? _____ 5. zona? _____ 6. costo? _____

> Napoli: affittasi mansarda bilocale. Centro storico, via Caracciolo, termo-autonoma mansarda arredata, 6° piano, soggiorno con angolo-cottura, camera da letto, doppio servizio, ripostiglio, posto-auto e ampia terrazza, affittasi. Mq 70 - € 450

● **Modulo 4**

- Unità 1

XLI. Lavoro di coppia. Decidete chi siete - Studente A/Studente B - , guardate la piantina di Siena e, a turno, fate la parte del turista e del passante. Seguite come esempio il dialogo dell'attività "*xxxv*". Lo Studente A è a pag 125.

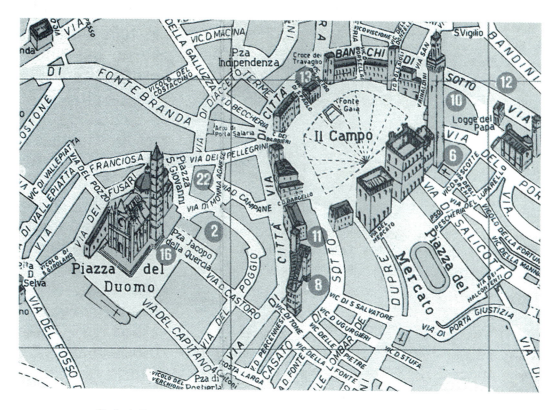

        Studente B

a. rispondi allo Studente A
- è in *piazza S.Domenico* e
vuole andare in questi luoghi:
1. **Duomo/piazza del Duomo**
2. **Teatro dei Rozzi/piazza Indipendenza**

b. sei in *piazza del Mercato* e
vuoi andare in questi luoghi:
1. **Municipio**
2. **commissariato di polizia**

- Unità 2

 XIV. Lavoro di coppia. Decidete chi siete - Studente A/Studente B -, guardate la piantina e, a turno, chiedete e date indicazioni per arrivare ai luoghi sotto indicati. Seguite come modello i dialoghi dell'attività "*iii*". Lo Studente A è a pag 129.

        Studente B

a. rispondi allo Studente A
- è in *piazza Unità*
e cerca:
1. *la cartoleria "Catalano"(via Palazzuolo)*
2. *il bar centrale "Frittelli" (via Faenza)*

b. sei in *piazza della Repubblica*
e cerchi:
1. *la libreria "Vittorio"*
2. *la pizzeria "Cristallo"*

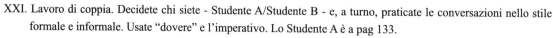

XXI. Lavoro di coppia. Decidete chi siete - Studente A/Studente B - e, a turno, praticate le conversazioni nello stile formale e informale. Usate "dovere" e l'imperativo. Lo Studente A è a pag 133.

        Studente B
1. università?
2. stadio?

• rispondi allo Studente A
1. - prendere taxi/ + andare metro/
    + scendere capolinea
2. + proseguire strada/-andare incrocio/
    + andare sinistra

 N.B. + (frase affermativa) ; - (frase negativa)

- Unità 3

 XX. Lavoro di coppia. Decidete chi siete - Studente A/Studente B - e fate una conversazione telefonica secondo le istruzioni sotto. Cambiate le parti. Lo Studente A è a pag 142.

Studente B

2. Rispondi al telefono e saluti.

4. Esprimi sorpresa e accetti l'invito. Chiedi dove abita.

6. Di' che non sai dov'è e chiedi come puoi arrivare a casa sua.

8. Chiedi a quale fermata deve scendere.

10. Chiedi quanto dista la fermata dalla sua casa.

12. Ringrazi e saluti.

14. Ringrazi e saluti di nuovo.

SOMMARIO
概　　要

▼ Modulo 0 (introduttivo)

Funzioni	Lessico	Grammatica	Pronuncia	Materiali autentici
- localizzare città e regioni - identificare e riconoscere i simboli della cultura italiana - saper comunicare in classe - motivare la scelta dello studio dell'italiano	- i punti cardinali - città e regioni - nomi di luoghi, professioni, monumenti, oggetti e cibi - il linguaggio della classe		- l'alfabeto: vocali e consonanti	- foto, mappa dell'Italia

▼ Modulo 1 "Conosciamoci!"

Funzioni	Lessico	Grammatica	Pronuncia	Materiali autentici
- presentarsi e presentare (formale e informale, uso dei titoli) - salutare e congedarsi (formale e informale) - attirare l'attenzione - chiedere e dire la nazionalità e la provenienza - compilare un modulo - chiedere, dare o non dare i propri recapiti	- saluti e convenevoli - nomi di paesi, nazionalità, città, professioni - numeri da 1 a 100 - alcuni significati di *essere, stare*	- pronomi soggetto-tu, Lei (uso) - indicativo presente: *essere, avere, stare, chiamarsi, abitare, parlare* (I, II, III persona singolare) - frase affermativa, interrogativa e negativa - articoli determinativi e indeterminativi - dimostrativi: *questo, a, i, e* - aggettivi di nazionalità, nomi di paesi - *quale, che, quanti anni...* (ne partitivo) - dove, come, di dove - preposizioni di luogo: *di, a, in* - congiunzioni: *e, ma*	- b, p; t, d - le doppie	- modulo d'iscrizione - annunci di lavoro

SOMMARIO

▼ Modulo 2 "Io e le persone attorno a me."

Funzioni	Lessico	Grammatica	Pronuncia	Materiali autentici
- chiedere e dire della famiglia - chiedere e dire del lavoro che si fa - esprimere giudizi sul lavoro e dare motivazioni - descrivere l'aspetto fisico e la personalità - chiedere e dare i dati anagrafici - chiedere di compitare il nome - iniziare una corrispondenza	- nomi di parentela - aggettivi per descrivere aspetto fisico, carattere, pregi e difetti - tipi di lavoro: vantaggi e svantaggi - dati anagrafici: dall'italiano standard all'italiano burocratico	- plurale dei sostantivi - aggettivi e pronomi possessivi - *quanto, a, i, e,* - pronome interrogativo *chi* - *molto, abbastanza, un po'* - plurale degli aggettivi e dei sostantivi in *-ca,- co, - ga, - go,- io,- ia* - aggettivi a tre uscite - prefissi negativi - congiunzioni: o, invece, anche, perché, anche se, né...né, - i pronomi indiretti - le tre coniugazioni: indicativo presente - fare, piacere, verbi in *-care* e *-gare* - preposizioni con	- ca, co, cu: [k] *cane* - ga,go,gu: [`g] *gatto* - ce, ci: [tʃ] *ciao* - ge, gi: g[dʒ] *giusto* - che, chi: [k] *amiche* - ghe, ghi: [`g] *ghepardo* - qu + a, e, i, o: [kw] *cinque*	- modulo anagrafico - annunci per trovare amici o un partner - Il lavoro dei giovani: posto fisso, addio!

▼ Modulo 3 "Casa, dolce casa..."

Funzioni	Lessico	Grammatica	Pronuncia	Materiali autentici
- chiedere e dare informazioni su una casa da affittare/comprare - parlare di costi di affitto e vendita - descrivere l'arredo di un ambiente - prendere una decisione insieme - fare una proposta e dare suggerimenti - chiedere un parere, esprimere accordo - scrivere alla redazione di una rivista per chiedere consigli	- tipi di abitazione - la casa: stanze, servizi, confort - mobili e oggetti di arredamento - forme, materiali, colori - linguaggio della compravendita - faccende di casa e problemi in casa	- *c'è, ci sono, mancare* - indicativo presente *di potere, volere, sapere,* - *vorrei* - preposizioni semplici e articolate - avverbi, locuzioni prepositive: *sotto, sopra, accanto a, vicino a, sulla sinistra,* ecc. - nomi composti e nomi alterati - aggettivi indicanti colore e forma: posizione - numeri cardinali da 100 a 1.000.000 e numeri ordinali - congiunzione se	- l, r: [l] [r] - le doppie - opposizioni fonetiche - accento tonico nelle parole	- annunci di affitto/vendita - Voglio vivere in una mansarda!

159

▼ Modulo 4 "Vivere in città: che stress!"

Funzioni	Lessico	Grammatica	Pronuncia	Materiali autentici
- chiedere e dare indicazioni stradali - dare istruzioni agli altri per raggiungere la propria casa - chiedere e dare informazioni su luoghi di pubblica utilità - chiedere e dire dei propri impegni - esprimere obbligo, necessità, divieto - chiedere e dire della durata di un tragitto - chiedere e dare suggerimenti/consigli - descrivere luoghi, paesaggi, particolari aspetti di una città (stile di vita, edifici, ecc.)	- luoghi della città (edifici e servizi pubblici) - espressioni per localizzare nello spazio: *al centro di, di fronte*, ecc - espressioni per descrivere la vista da un luogo: *riesco a vedere, ... dà su* - verbi di movimento - locuzioni per indicazioni stradali: *a destra, a sinistra, fino all'incrocio*, ecc.	- *vicino a..., lontano da...* - *dovere*: forma e uso - *andare, venire* + preposizioni - *per* + *infinito* (espansione finale) - *volerci, metterci* - *ce n'è, ce ne sono* - imperativo affermativo e negativo (tu, Lei, voi) - pronomi indiretti atoni + verbi servili - imperativo dei verbi irregolari e dei verbi in *-care* e *-gare* - congiunzioni *perciò, dunque*	- sce, sci: [ʃ] scena - sche, schi: [sk] *schema* - sca, sco, scu: [sk] *scomodo* - scia, scie, scio, sciu: [ʃ] *sciopero* - schia, schie, schio, schi: [sk] *rischiare*	- piantine stradali di Siena, di Firenze e di Roma - Grazie alla patente a punti gli incidenti stradali diminuiscono! - Visitiamo Torino.